U0589705

高等职业教育"十二五"规划教材

高职高专会计专业教·学·做一体化配套系列教材

财务会计实训

李 莉 主编

卓 越 李建惠 詹玉兰 副主编

科学出版社

北 京

内 容 简 介

本书是与《财务会计实务》配套使用的实训教材,结合企业会计实际工作岗位、工作流程和工作内容,以培养学生会计核算能力为基本目标,以强化岗位核算技能训练为核心,实现"教、学、做"一体化教学。

本书内容由两部分构成:第一部分为财务会计分岗实训,涉及出纳、往来结算、存货、固定资产及其他资产、职工薪酬、资金、财务成果、总账报表等企业常设会计岗位的核算训练;第二部分为财务会计综合实训,将各会计岗位的核算内容集于一体,按照会计核算流程,进行系统、综合、全面、完整的训练。

本书可供高职高专会计类专业及其他相关专业教学使用,也可作为会计专业教师、会计从业人员及自学者的学习和参考用书。

图书在版编目(CIP)数据

财务会计实训/李莉主编. —北京:科学出版社,2012

(高等职业教育"十二五"规划教材 高职高专会计专业教·学·做一体化配套系列教材)

ISBN 978-7-03-036303-9

Ⅰ.①财… Ⅱ.①李… Ⅲ.①财务会计-高等职业教育-教材 Ⅳ.①F234.4

中国版本图书馆 CIP 数据核字(2012)第 309156 号

责任编辑:田悦红/责任校对:马英菊
责任印制:吕春珉/封面设计:东方人华平面设计部

科学出版社 出版
北京东黄城根北街 16 号
邮政编码:100717
http://www.sciencep.com
三河市骏杰印刷有限公司印刷

科学出版社发行 各地新华书店经销
*
2013 年 2 月第 一 版 开本:787×1092 1/16
2017 年 5 月第六次印刷 印张:14 1/4
字数:296 000

定价:32.00 元
(如有印装质量问题,我社负责调换〈骏杰〉)

销售部电话 010-62134988 编辑部电话 010-62138978-2020(VF02)

版权所有,侵权必究

举报电话:010-64030229;010-64034315;13501151303

高职高专会计专业教·学·做一体化配套系列教材
编写委员会

主　任：梁伟样　丽水职业技术学院
委　员：(以姓氏拼音排序)
　　　　薄海民　唐山职业技术学院
　　　　程　坚　丽水职业技术学院
　　　　韩雪英　黑龙江职业学院
　　　　李　莉　四川商务职业学院
　　　　李　颖　内蒙古商贸职业学院
　　　　戚素文　唐山职业技术学院
　　　　孙世臣　大连职业技术学院
　　　　王剑盛　丽水职业技术学院
　　　　王艳云　内蒙古商贸职业学院
　　　　张　敏　大连职业技术学院
　　　　张尧洪　金华职业技术学院
　　　　张振和　黑龙江职业学院
　　　　周东黎　唐山职业技术学院
秘书长：田悦红　科学出版社

《财务会计实训》
编写人员

主　编：李　莉 (四川商务职业学院)
副主编：卓　越 (四川商务职业学院)
　　　　李建惠 (四川商务职业学院)
　　　　詹玉兰 (四川商务职业学院)

总　序

2011年8月31日，教育部发布了《关于推进高等职业教育改革创新，引领职业教育科学发展的若干意见》（教职成［2011］12号），提出要深化工学结合、校企合作、顶岗实习的人才培养模式改革，实现专业课程内容与职业标准对接，校企合作共同开发专业课程和教学资源，继续推行任务驱动、项目导向等学做一体的教学模式。可见，建设融"教、学、做"于一体，强化学生能力培养的优质教材显得更为重要。

2011年10月18日，财政部印发了《小企业会计准则》，并于2013年1月1日起施行，增值税从2009年1月1日起在全国范围内实行转型，由生产型增值税转为消费型增值税，个人所得税法从2011年9月1日起作了较大的修改，2012年1月1日起实施新的车船税法。会计法规在变，税法在变，因此相应教材也应及时更新。

为满足高职院校教学模式改革的需要，我们以《全国高职高专财会专业规划教材》的编写队伍为依托，又邀请了全国一些骨干高职院校的长期从事会计教学工作的教师、企业会计专家，共同编写了《高职高专会计专业教・学・做一体化配套系列教材》，共十八本，包括《出纳实务》、《基础会计实务》、《财务会计实务》、《成本会计实务》、《税务会计实务》、《会计电算化实务（第三版）》、《财务管理实务》、《高级财务会计（第二版）》、《审计实务》、《会计岗位综合实训》，每本书除配备了纸质的实训教材外，均配备了教学和学习必需的立体化资源包，具体包括教学课件、教学讲义、习题答案、典型案例、训练题库、课程标准、授课进度计划、模拟试卷等，同时配备助学自测系统，以方便教学。

本系列教材具有以下特点：

1. **项目导向、任务驱动**。以真实的工作目标作为项目，以完成项目的典型工作过程（环节、方法、步骤）作为任务。以任务引领知识、技能和态度，让学生在完成工作任务中学习知识，训练技能，获得实现目标所需要的职业能力。以任务为核心，配备相对应的全真实训材料，便于在做中学、学中做、学做合一，实现理论与实践一体化教学。

2. **内容适用、突出能力**。根据高职毕业生就业岗位的实际情况，以一个会计师助理所面对的各种业务为主线，以介绍工作流程中的各个程序和操作步骤为主要内容，围绕职业能力培养，注重内容的实用性和针对性，体现职业教育课程的本质特征。

3. **资源丰富、方便教学**。在本系列教材出版的同时为教师提供教学资源库，主要包括教学课件、教学讲义、习题答案、典型案例、训练题库、课程标准、授课进度计划、模拟试卷等，同时配备助学自测系统，以方便教学。

4. **装帧精美、双色印刷**。采用双色印刷，并以不同的色块突出重点概念与技能，仿真再现会计资料，通过视觉搭建知识技能结构，给人耳目一新的感觉，增强了真实感、职业感。

本系列教材无论从课程标准的开发、教学内容的筛选、结构的设计还是到工作任务的选择，都倾注了职业教育专家、会计教育专家、企业会计实务专家和科学出版社编辑的心血，是高等职业教育教材为适应学科教育到职业教育、学科体系到能力体系两个转变进行的有益尝试。

本系列教材适合高等职业院校、高等专科学校、成人高校及本科院校中的二级职业技术学院、继续教育学院和民办高校的财会类专业使用，也可作为在职财会人员岗位培训、自学进修和岗位职称考试的教学用书。

本系列教材如有不足之处，请广大读者不吝指正，希望通过本系列教材的出版，为我国高职会计教育事业的发展和人才培养做出贡献。

高职高专会计专业教·学·做一体化配套系列教材
编写委员会

前　言

为了适应经济发展对高端技能型财务会计人员的大量需求，强化学生的实际操作能力、会计职业判断能力、核算能力，以及对学生综合业务素质的培养，编者编写了《财务会计实务》和《财务会计实训》配套教材。

本套教材以教育部《关于全面提高高等职业教育教学质量的若干意见》（教高［2006］16号）为指导，以高职人才培养目标和市场需求为导向，以注重综合职业能力培养为原则，以我国最新颁布的税法和企业会计准则为依据编写而成。

本书是与主教材《财务会计实务》配套使用的实训教材，以会计岗位仿真业务为主要实训内容，与主教材以会计要素为主要教学内容相结合，由财务会计分岗实训和财务会计综合实训两大部分组成，其中分岗实训包括项目1～项目8，综合实训包括项目9，每一部分都设计了较为全面完整的核算资料，并结合企业实际经济活动设计了配套的仿真实训单证，丰富了实训内容，增强了操作性，体现了与企业会计岗位的近距离对接，以提高学生的学习积极性，取得良好教学效果。

本书由四川商务职业学院李莉担任主编，卓越、李建惠、詹玉兰担任副主编。李莉对全书进行统稿、总纂、修改和定稿。具体编写分工：李建惠编写项目1、项目2、项目5和项目8，卓越编写项目3、项目4、项目6和项目7，李莉和詹玉兰编写项目9。

每个项目均由实训目标、实训要求、操作准备、操作流程和实训资料5个部分组成，其中实训资料既包括文字说明，同时也附有配套的仿真实训单证，使学生能够通过实训，直观感受企业会计岗位的工作流程和业务单据，便于理论学习与实务操作的结合。

编者在编写本书过程中，得到了科学出版社及相关院校领导和会计专业教师的大力支持，并借鉴参考了国内有关会计专业书籍、著述观点等，在此一并表示衷心的感谢！

由于编者时间和水平有限，书中难免存在不足之处，敬请广大读者批评指正。

编　者

2012年10月

目　录

项目 1 出纳岗位实训

一、实训目标

1) 明确现金、银行存款管理的有关规定，遵守银行结算原则和结算纪律。
2) 熟悉出纳岗位职责、熟悉货币资金结算业务操作流程。
3) 能熟练填制货币资金业务相关原始凭证。
4) 学会审核凭证并能办理货币资金结算业务。
5) 能开设并登记现金日记账、银行存款日记账。
6) 掌握货币资金业务的账务处理。
7) 会编制银行存款余额调节表。

二、实训要求

1) 根据实训资料，填制相关空白原始凭证。
2) 根据实训资料，编制记账凭证。
3) 根据实训资料，开设并登记现金日记账、银行存款日记账。
4) 根据记账凭证及原始凭证逐日逐笔登记现金日记账、银行存款日记账，按日结计日记账余额，月末结账，与库存现金、银行存款总账核对。
5) 根据提供的实训主体开户银行提交的银行对账单与企业银行存款日记账进行对账，并编制银行存款余额调节表。

三、操作准备

1)《现金管理暂行条例》、《现金管理暂行条例实施细则》、《关于大额现金支付管理的通知》、《支付结算办法》、《银行账户管理办法》。
2) 会计实训室，企业基本情况，经济业务的原始凭证。
3) 通用记账凭证或收付转专用记账凭证，现金日记账，银行存款日记账，支票登记簿、银行存款余额调节表等各类表单。

四、操作流程

现金收付业务操作流程和银行存款收付业务操作流程见图 1-1 和图 1-2。

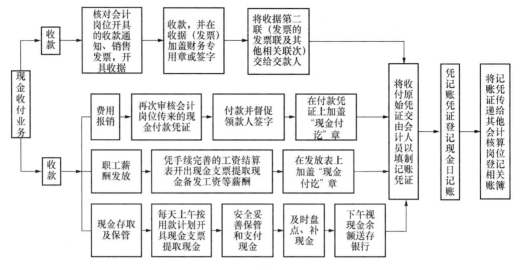

图 1-1　现金收付业务操作流程

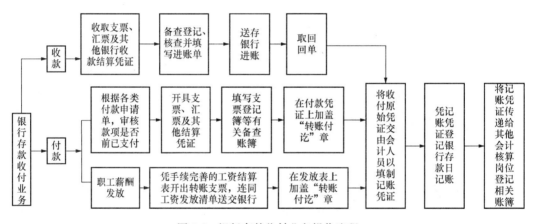

图 1-2　银行存款收付业务操作流程

五、实训资料

(一) 基础资料

企业名称：北星新兴材料有限责任公司。

董事长：张京磊。

总经理：徐盛融。

行政经理：王媛媛。

销售经理：姜云光。

采购经理：赵铭良。

生产经理：吴兴民。

财务经理：李美娟。

会计：王婷靓。

出纳：张鸿。

开户银行：中国工商银行成都高新西区支行。

账号：58062203691。

税务登记号：510002356179846。

联系电话：028-87653218。

公司地址：成都市高新西区蜀兴路 28 号。

经营范围：PVC 新兴材料产品的研发、生产、销售，主要产品有 PVC-U 环保给水管、PVC 塑料地板、PVC 软板。

注册资本：5 000 000 元。

纳税人种类：一般纳税人，增值税税率为 17%。

（二）业务资料

2011 年 12 月，北星新兴材料有限责任公司库存现金期初余额为 1 600 元，银行存款期初余额为 3 855 000 元，发生的货币资金相关业务如下。

1）12 月 1 日，销售部李维新报销招待费 1 200 元（原始凭证见凭证 1-1）。

凭证1-1

报销单

2011年12月01日　　　　　　　　　　记账凭证附件

发生日期		报　销　内　容	单据张数	金　额									备　注
月	日			百	十	万	千	百	十	元	角	分	
12	1	招待客人	1				1	2	0	0	0	0	
		现金付讫											
合计人民币（大写）壹仟贰佰元整						Y	1	2	0	0	0	0	
主　管　意　见	同意报销　2011.12.01　姜云光			报　销　人　签　章					李维新				

附件1张

2）12 月 1 日，开出现金支票，从银行提现 3 000 元备用（原始凭证见凭证 1-2）。

凭证1-2　　　　　　　　　　中国工商银行现金支票

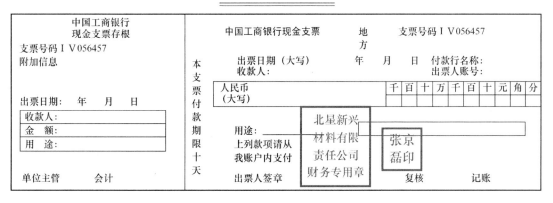

3）12 月 1 日，行政部王娜报销购买办公用纸费用 600 元（原始凭证见凭证 1-3）。

凭证1-3

报 销 单

2011年12月01日　　　　　　　　　　记账凭证附件

发生日期		报 销 内 容	单据张数	金 额									备 注
月	日			百	十	万	千	百	十	元	角	分	
12	1	购买办公用纸	1					6	0	0	0	0	
				现金付讫									
合计人民币（大写）陆佰元整								￥	6	0	0	0	0
主 管 意 见　同意报销　2011.12.01　王媛媛					报 销 人 签 章						王 娜		

附件1张

4）12月3日，业务员张峰出差暂借差旅费3 000元，以现金支票支付（原始凭证见凭证1-4 $\frac{1}{2}$ 和凭证1-4 $\frac{2}{2}$）。

凭证1-4 $\frac{1}{2}$

中国工商银行现金支票

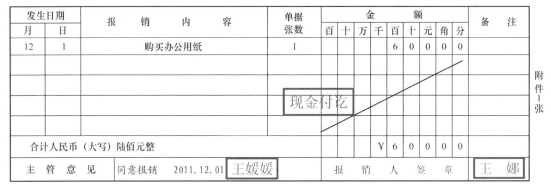

凭证1-4 $\frac{2}{2}$

借款单（一）

借款日期：2011年12月03日

借款部门	销售部	借款理由	去重庆进行市场推广
借款金额（大写）人民币叁仟元整			￥3 000.00
部门领导意见：同意借支，返回报销。姜云光　2011.12.02		现金付讫	借款人签字：张峰

借款记账联

5）12月3日，收到重庆永昌建筑工程有限公司转账支票一张，归还前欠货款（原始凭证见凭证1-5 $\frac{1}{2}$ 和凭证1-5 $\frac{2}{2}$）。

凭证1-5 $\frac{1}{2}$

中国农业银行转账支票

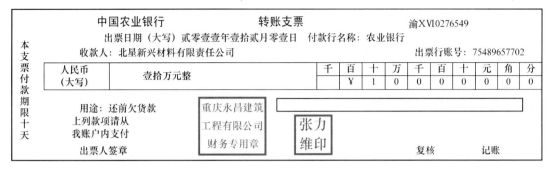

凭证1-5 $\frac{2}{2}$

中国工商银行进账单（收账通知） 3

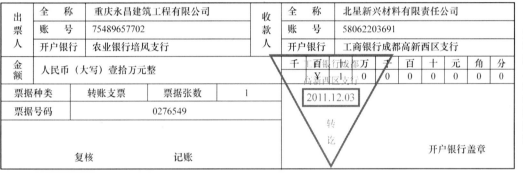

6）12月5日，从卡卡文化用品公司购买办公用品支出3 500元，签发转账支票一张（原始凭证见凭证1-6 $\frac{1}{2}$ 和凭证1-6 $\frac{2}{2}$）。

凭证1-6 $\frac{1}{2}$

中国工商银行转账支票

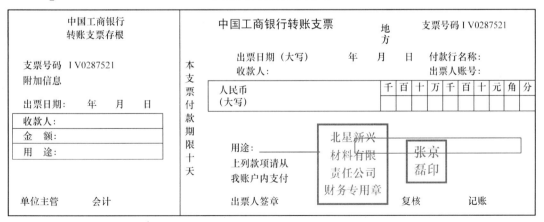

凭证1-6 $\frac{2}{2}$

成都市商品销售统一发票

发票联

购货单位：北星新兴材料有限责任公司　　2011年12月05日　　　　No1558421

品　名	规格	单位	数量	单价	金额							
					十万	千	百	十	元	角	分
A4复印纸		箱	25	100		2	5	0	0	0	0
32K笔记本		本	100	10		1	0	0	0	0	0
合计金额（大写）人民币叁仟伍佰元整					¥	3	5	0	0	0	0

单位盖章：　　　　　　收款人：谢琴　　　　　　　制票人：许均

第二联 发票联

7) 12月8日，采购员李鸿海向四川精益实业发展有限公司采购材料一批，货款35 100元，增值税税款5 967元，款项已通过银行办理电汇支付，材料尚未收到(原始凭证见凭证1-7 $\frac{1}{2}$和凭证1-7 $\frac{2}{2}$)。

凭证1-7 $\frac{1}{2}$

中国工商银行结算业务申请书　　　　　Ⅶ 0295463221

申请日期　　2011年12月08日

业务类型	☑电汇　□信汇　□汇票　□本票 其他		汇款方式	☑普通　□加急
客户填写 申请人	全　称	北星新兴材料有限责任公司	收款人 全　称	四川精益实业发展有限公司
	账号或地址	58062203691	账号或地址	54626875232
	开户行名称	工商银行成都高新西区支行	开户行名称	农业银行广安市庆丰分行

金额（大写）人民币肆万壹仟零陆拾柒元整　　　　　亿 千 百 十 万 千 百 十 元 角 分　¥ 4 1 0 6 7 0 0

付款行签章：　2011.12.08 转讫

支付密码

附加信息及用途：材料款

会计主管：　　　　　复核：　　　　　记账：

第三联 回单联

凭证1-7 $\frac{2}{2}$

四川省增值税专用发票

税务发票联监制

No00950121

2800092533　　　　　　　　　　　　　　开票日期：2011年12月06日

购货单位	名　称：北星新兴材料有限责任公司 纳税人识别号：510002356179846 地址：成都市蜀兴路28号 028-87653218 开户行及账号：工行成都高新西区支行 58062203691	密码区	（略）

货物或应税劳务名称	规格型号	单位	数量	单价	金额	税率	税额
PVC新料		吨	4.5	7 800	35 100.00	17%	5 967.00
价税合计（大写）	人民币肆万壹仟零陆拾柒元整						¥41 067.00

销货单位	名　称：四川精益实业发展有限公司 纳税人识别号：510001001112324 地址、电话：广安市庆丰路32号 0826-8544692 开户行及账号：农行广安市庆丰分行 54626875232	备注	四川精益实业发展有限公司 6836470590 发票专用章

收款人：　　　复核：　　　开票人：李红玲　　　销货单位：(章)

第二联 发票联 购货方记账凭证

8）12月10日，张峰出差归来报销差旅费共计2 060元，并交回多余现金（原始凭证见凭证1-8 $\frac{1}{2}$和凭证1-8 $\frac{2}{2}$）。

凭证1-8 $\frac{1}{2}$

借　款　单（三）

借款日期：2011年12月03日

借款部门	销售部	借款理由	去重庆进行市场推广
借款金额（大写）人民币叁仟元整			￥3 000.00
部门领导意见： 同意借支，返回报销。 姜云光 2011.12.02			借款人签字： 张峰
还款日期：2011年12月10日			
报销 ￥2 060.00　　应找补 ＿＿＿　　应退还 ￥940.00			经手人签字：张峰

现金付讫

还款记账联

凭证1-8 $\frac{2}{2}$

差旅费报销单

姓名：张峰　　所属部门：销售部　　业务主管：　　2011 年 12 月 10 日　　单位：元

起日			止日			各项补助费						车船费		合计金额
						出差乘车补助			住宿费	夜间乘车补助				
月	日	起	月	日	讫	天数	标准	金额	金额	日数	标准	金额	类别	金额	
12	3	成都	12	3	重庆								150	150
12	3	重庆	12	9	重庆	7	80	560	1 200					1 760
12	9	重庆	12	9	成都								150	150

合计人民币大写　⊗　万　贰　仟　零　佰　陆　拾　零　元　零　角　零　分

原借差旅费￥3 000.00 元　　　报销 ￥2 060.00 元　　　补付　（退回）940.00 元

出差事由　　　市场推广

审批人签字：姜云光　　　　　会计主管签字：李美娟　　　　　报销人签字：张峰

附件7张

9）12月11日，向开户银行申请银行汇票117 000元，用于采购材料。收款人为新宇材料制造有限公司，收款方账号为6500078569，开户银行是中国工商银行深圳福田支行（原始凭证见凭证1-9）。

10）12月14日，银行转来委托收款的收账通知，收到成都兴盛建设有限公司前欠款项120 000元（原始凭证见凭证1-10）。

11）12月14日，持申请好的银行汇票前往深圳采购材料，实际结算材料价款为90 000元，增值税税款为15 300元，合计105 300元，材料尚未入库（原始凭证见凭证1-11）。

凭证1-9

中国工商银行结算业务申请书

Ⅶ 0295463222

申请日期　2011年12月11日

	业务类型	□电汇　□信汇　☑汇票　□本票 其他			汇款方式	☑普通　□加急									
客户填写	申请人	全称	北星新兴材料有限责任公司	收款人	全称	新宇材料制造有限公司									
		账号或地址	58062203691		账号或地址	6500078569									
		开户行名称	工商银行成都高新西区支行		开户行名称	工商银行深圳福田支行									
	金额（大写）人民币壹拾壹万柒仟元整						亿	千	百	十	万	千	百	十	元	角	分

工商银行成都高新西区支行
2011.12.11
转讫

金额：Ｙ１１７０００００

付款行签章：

支付密码

附加信息及用途：材料款

银行打印

会计主管：　　　　　复核：　　　　　记账：

（第三联　回单联）

凭证1-10

托收凭证（收账通知）　4

NO：250004512　　委托日期　2011年11月30日

	业务类型	委托收款（☑邮划，□电划）			托收承付（□邮划，□电划）										
付款人	全称	成都兴盛建设有限公司		收款人	全称	北星新兴材料有限责任公司									
	账号	39507001042			账号	58062203691									
	地址	四川省成都　市/县　开户行　农行滨河路支行			地址	四川省成都　市/县　开户行　工行高新支行									
金额	人民币（大写）	壹拾贰万元整					千	百	十	万	千	百	十	元	角	分
								Ｙ	1	2	0	0	0	0	0	0

款项内容	货款	托收凭证名称	发票	附寄单据张数	2
商品发运情况		已发送	合同名称号码	20110108	
备注：					

中国工商银行高新西区支行
2011.12.14
业务讫

上述款项已划回收入你方账户内
收款人开户银行签章
　　年　　月　　日

复核　　　记账

此联付款人开户银行作借方凭证

凭证1-11

广东省增值税专用发票

全国统一发票监制
税务局监制

发票联

NO.00950256

3200091128　　开票日期：2011年12月14日

购货单位	名　称：北星新兴材料有限责任公司 纳税人识别号：510002356179846 地址、电话：成都市蜀兴路28号　028-87653218 开户行及账号：工行成都高新西区支行　58062203691					密码区	（略）		
货物或应税劳务名称	规格型号	单位	数量	单价	金额		税率	税额	
PVC聚氯乙烯再生料		吨	30	3 000	90 000.00		17%	15 300.00	
价税合计（大写）		人民币壹拾万伍仟叁佰元整						Ｙ105 300.00	
销货单位	名　称：新宇材料制造有限公司 纳税人识别号：321001001112324 地址、电话：深圳市长青路125号　0755-6254351 开户行及账号：工商银行深圳福田支行　6500078569					备注			

新宇材料制造有限公司
68450005766
发票专用章

收款人：　　　　复核：　　　　开票人：戴青　　　　销货单位：（章）

第二联　发票联　购货方记账凭证

12）12 月 15 日，收到银行转来的上述银行汇票多余款收账通知（原始凭证见凭证 1-12）。

凭证1-12

中国工商银行银行汇票

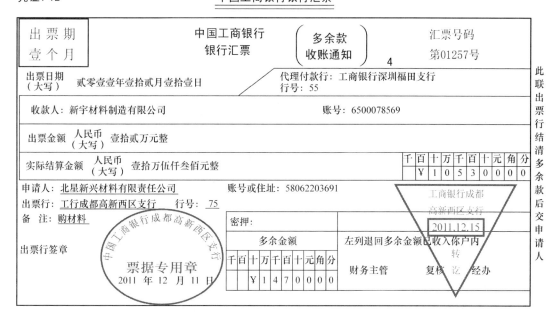

13）12 月 19 日，收到本月仓库租金 8 000 元（原始凭证见凭证 1-13 $\frac{1}{2}$ 和凭证 1-13 $\frac{2}{2}$）。

凭证1-13 $\frac{1}{2}$

中国工商银行进账单（收账通知）　3

2011年12月19日　　　№.056875

出票人	全称	新都永丰设备经销公司	收款人	全称	北星新兴材料有限责任公司										
	账号	62254028453		账号	58062203691										
	开户银行	工行新都支行		开户银行	工商银行成都高新西区支行	百	十	万	千	百	十	元	角	分
人民币（大写）捌仟元整								￥8	0	0	0	0	0	
票据种类		支票												
票据张数		1												
单位主管　　会计　　复核　　记账						收款人开户行盖章								

凭证1-13 $\frac{2}{2}$

四川省成都市地方税务局普通发票

发票联

№ 0245545

2011年12月19日　　验证码:98350285

付款单位	新都永丰设备经销公司	地址	成都市新都区海河路68号								
项 目 内 容				金额							
				十	万	千	百	十	元	角	分
2011年12月仓库租金					￥8	0	0	0	0	0	0
合计(大写)	人民币捌仟元整				￥8	0	0	0	0	0	0
收款人：　　　复核：　　　　开票人：戴青　　　　　单位盖章：											

14）12 月 23 日，收到银行转来成都自来水公司的委托收款的付款通知和有关凭证，支付水费 764.80 元（原始凭证见凭证 1-14 $\frac{1}{3}$～凭证 1-14 $\frac{3}{3}$）。

凭证 1-14 $\frac{1}{3}$

托 收 凭 证（付款通知）5

NO：20110562 委托日期 2011 年 12 月 20 日

业务类型		委托收款（☑邮划，□电划）		托收承付（□邮划，□电划）											
付款人	全称	北星新兴材料有限责任公司		收款人	全称	成都市自来水有限责任公司								
	账号	58062203691			账号	62541220558								
	地址	四川省成都 市/县	开户行 工行高新西支行		地址	四川省成都 市/县	开户行 建行白马寺支行								
金额	人民币（大写）	柒佰陆拾肆元捌角				千	百	十	万	千	百	十	元	角	分
											Y	7	6	4	8	0
款项内容	水费	托收凭证名称	发票	附寄单据张数 1										
备注：付款人开户银行收到日期 2011 年 12 月 22 日 复核 记账		付款人开户银行签章 年 月 日		付款人注意：1.根据支付结算办法规定，上列托收款项，如超过承付期限未提出拒付，即视同全部承付。以此联代付款通知。2.如系全部或部分拒付，应在承付期限内另填拒绝承付理由书送银行办理。										

（印章：工商银行成都...高新西支行 托收凭证 2011.12.22 受理）

此联是付款人开户银行给付款人按期付款的通知

凭证 1-14 $\frac{2}{3}$

水费分割表

2011 年 12 月 23 日

使用部门	实用吨数	水费/元
生产车间	185	528.00
销售机构	10	32.00
行政部门	44	140.80
合计	239	764.80

凭证 1-14 $\frac{3}{3}$

成都市自来水公司水费专用发票

发票联

客户名称：北星新兴材料有限责任公司　　　　　2011 年 12 月 22 日

月份	上月抄底	本月抄底	实用吨数	收费项目	单价	金　额						
						万	千	百	十	元	角	分
12	12 056	12 295	239		3.2		Y	7	6	4	8	0
备注：2011 年 11 月 20 日至 2011 年 12 月 20 日												
合计	人民币（大写）柒佰陆拾肆元捌角						Y	7	6	4	8	0

第二联 发票联

15）12 月 26 日，开出现金支票 242 350 元，从银行提现备发工资（原始凭证见凭证 1-15）。

凭证1-15

中国工商银行现金支票

<table>
<tr>
<td colspan="2">中国工商银行
现金支票存根

支票号码Ⅰ V056458
附加信息

出票日期：　年　月　日
收款人：
金　额：
用　途：

单位主管　　会计</td>
<td>本支票付款期限十天</td>
<td colspan="2">中国工商银行现金支票　　　地方　　支票号码Ⅰ V056458

出票日期（大写）　年　月　日　付款行名称：
收款人：　　　　　　　　　　出票人账号：

人民币
（大写）

用途：_____
上列款项请从
我账户内支付
出票人签章

（北星新兴材料有限责任公司财务专用章）　（张京磊印）

　　　复核　　　记账</td>
</tr>
</table>

16）12月27日，以现金242 350元发放员工工资（原始凭证见凭证1-16）。

凭证1-16

工资结算汇总表

2011年12月

车间、部门		应付工资			合 计	代扣款项			实发工资
		基本工资	奖金	津贴		社保	个人所得税	其他	
生产车间	生产工人	155 000	5 000	1 000	161 000	30 540	1 200	4 500	124 760
	管理人员	20 000	1 500	500	22 000	4 100	300	600	17 000
销售部门		18 000	2 800	800	21 600	4 040	210	300	17 050
行政部门		86 000	7 600	15 250	108 850	22 060	1 650	1 600	83 540
合 计		279 000	16 900	17 550	313 450	60 740	3 360	7 000	242 350

会计：王婷靓　　　　　　　复核：李美娟　　　　　　　出纳：张鸿

17）12月31日，对库存现金进行盘点，发现现金盈余（原始凭证见凭证1-17$\frac{1}{2}$和凭证1-17$\frac{2}{2}$）。

凭证1-17$\frac{1}{2}$

库存现金盘点表

填报单位：北星新兴材料有限责任公司　　2011年12月31日　　　　　　单位：元

清 点 现 金			核 对 账 目	
面 值	张 数	金 额	项 目	金 额
100元	32	3 200.00	现金账目余额	3 740.00
50元	5	250.00	加：收入凭证未记账	—
20元	12	240.00	减：付出凭证未记账	—
10元	11	110.00	加：跨日收入	—
5元	6	30.00	减：跨日借条	—
2元			调整后现金余额	3 740.00
1元	6	6.00		
5角	8	4.00	实点现金	3 840.00
2角			现金长款	100.00
1角			现金短款	
合 计		3 840.00		

盘点人：王婷靓　　　　　　　　　　　　　　　出纳：张鸿

凭证 1-17 $\frac{2}{2}$ **现金盘点结果处理审批单**

盘点时间：<u>2011 年 12 月 31 日</u>

盘点结果：<u>现金长款 100 元</u>

现金盘盈（亏）原因：<u>30 元系应支付给电信公司的通信费，另 70 元长款经反复核查原因不明。</u>

处理意见：<u>长款原因不明的现金盘盈计入营业外收入。</u>

审批人签字：<u>李美娟</u> <u>2011 年 12 月 31 日</u>

18）12 月 31 日，收到本月银行对账单，编制银行存款余额调节表（原始凭证见凭证 1-18 $\frac{1}{2}$ 和凭证 1-18 $\frac{2}{2}$）。

凭证 1-18 $\frac{1}{2}$ **中国工商银行客户存款对账单**

账户：58062203691   户名：北星新兴材料有限责任公司

币种：人民币（本位币）   2011 年 12 月   单位：元

2009 年		摘　要	结算凭证号数	借方发生额	贷方发生额	余　额
月	日					
12	1	期初余额				3 855 000.00
	1	提现	现支 056457	3 000.00		3 852 000.00
	3	签发现金支票	现支 056458	3 000.00		3 849 000.00
	3	收到重庆永昌建筑工程有限公司货款	转支 0276549		100 000.00	3 949 000.00
	5	签发转账支票	转支 0287521	3 500.00		3 945 500.00
	8	付材料款	0295463221	41 067.00		3 904 433.00
	11	申请银行汇票	0295463222	117 000.00		3 787 433.00
	14	收到成都兴盛建设有限公司货款	250004512		120 000.00	3 907 433.00
	15	银行汇票多余款到账	第 01257 号		11 700.00	3 919 133.00
	19	收到新都永丰设备经销公司租金	056875		8 000.00	3 927 133.00
	23	水费	20110562	764.80		3 926 368.20
	26	提现	现支 056458	242 350.00		3 684 018.20
	29	通信费	0577658	2 654.50		3 681 363.70
	30	银行承兑汇票到期收款	0092575		120 000.00	3 801 363.70

凭证 1-18 $\frac{2}{2}$ **银行存款余额调节表**

年　月　日   单位：元

单　位					账　号				
企业银行存款日记账余额：					银行存款对账单余额：				
项目	日期	凭证号码	摘要	金额	项目	日期	凭证号码	摘要	金额
加：银行已收企业未收					加：企业已收银行未收				
小　计					小　计				
项目	日期	凭证号码	摘要	金额	项目	日期	凭证号码	摘要	金额
减：银行已付企业未收					减：企业已付银行未收				
小　计					小　计				
调整后余额					调整后余额				

制表人：   编报日期：

项目 2　往来结算岗位实训

一、实训目标

1）明确往来结算岗位的基本职责。
2）熟悉各项短期债权和短期债务会计处理的有关规定。
3）根据原始凭证正确分析经济业务，并熟练进行往来业务的账务处理。
4）熟悉应收款项减值损失的核算方法及处理规定。
5）能运用所学知识解决短期债权和短期债务处理过程中的常见问题。

二、实训要求

1）根据实训资料设置各项短期债权和短期债务账户的总账及明细账，登记期初余额。
2）根据实训资料填制相关原始凭证。
3）根据实训资料中的原始凭证分析经济业务，填制记账凭证。
4）正确计算并计提应收账款和其他应收款的坏账准备，编制记账凭证。
5）根据记账凭证登记相关往来账户的总账及明细账。
6）对各往来账户进行期末对账、结账处理。

三、操作准备

1）《支付结算办法》、《会计基础工作规范》、《企业内部控制》。
2）企业基本情况、经济业务的原始凭证、空白记账凭证、三栏式明细账、三栏式总账。
3）坏账准备计提表、询证函、应交增值税计算表、城市维护建设税计算表、教育费附加计算表等各类表单。

四、操作流程

往来结算业务操作流程见图 2-1。

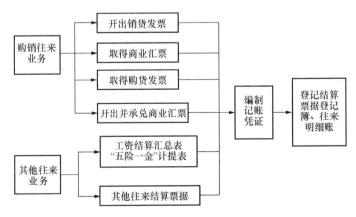

图 2-1　往来结算业务操作流程

五、实训资料

(一) 账户期初资料

北星新兴材料有限责任公司 2011 年 12 月短期债权和短期债务相关账户期初余额见表 2-1，年末按照应收款项余额百分比法计提坏账准备，计提比例为 5%；企业为增值税一般纳税人，增值税税率 17%；企业城市维护建设税、教育费附加以企业实际缴纳的增值税、营业税和消费税的税额为计征依据，税率分别为 7% 和 3%。

表 2-1　相关账户期初余额表　　　　　　　　　　　　　　　　单位：元

账户代码	账户名称（总账）	账户名称（明细账户）	借方余额	贷方余额
1008	应收票据		120 000.00	
100801		四川杰达装饰材料有限公司	120 000.00	
1010	应收账款		3 640 999.25	
101001		四川杰达装饰材料有限公司	1 253 658.36	
101002		成都兴盛建设有限公司	120 540.00	
101003		重庆永昌建筑工程有限公司	1 202 500.89	
101004		四川花样新城有限责任公司	1 064 300.00	
1011	预付账款		120 054.00	
101101		四川新兴科技有限公司	120 054.00	
1015	其他应收款		7 900.00	
101501		赵铭良	2 800.00	
101502		李美娟	1 600.00	
101503		王媛媛	2 300.00	
101504		存出保证金	1 200.00	
1020	坏账准备			102 356.00
102001		应收账款		102 356.00
2201	应付账款			1 643 095.00
220101		新鸿科技有限公司		665 450.00
220102		嘉禾集团有限公司		157 445.00
220103		四川精益实业发展有限公司		820 200.00
2301	预收账款			100 000.00
230101		昆明诚鑫建筑工程有限公司		100 000.00
2401	应交税费			74 349.21
240101		应交增值税		7 652.11
240102		应交所得税		65 762.50
240103		应交城建税		514.30
240104		应交教育费附加		420.30

（二）本月业务资料

12 月发生下列与短期债权和债务相关的经济业务。

1）12 月 1 日，购进材料一批，取得增值税专用发票标明价款为 51 000 元，增值税税款为 8 670 元，材料尚未验收入库，交易合同号为 2011125。公司于当日签发并承兑了一张面值为 59 670 元，期限为 6 个月的带息商业承兑汇票，票面利率为 6%，按月计提票据利息（原始凭证见凭证 2-1 $\frac{1}{2}$ 和凭证 2-1 $\frac{2}{2}$）。

凭证 2-1 $\frac{1}{2}$

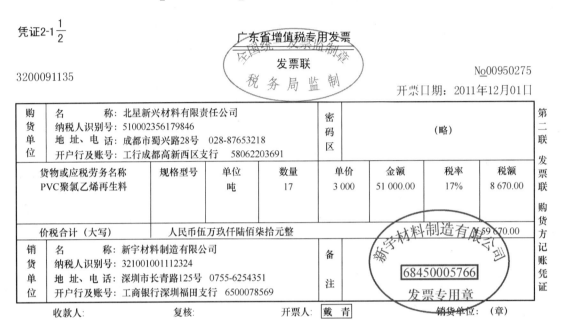

2）12 月 5 日，向重庆永昌建筑工程有限公司赊销产品一批，开具的增值税专用发票标明价款为 60 000 元，增值税税款为 10 200 元。为加快资金周转速度，为购货方提供现金折扣条件为 2/10、1/20、n/30（原始凭证见凭证 2-2 $\frac{1}{2}$ 和凭证 2-2 $\frac{2}{2}$）。

凭证2-2 $\frac{1}{2}$

四川省增值税专用发票

记账联

No00510545

3200091145

开票日期：2011年12月05日

购货单位	名　称	重庆永昌建筑工程有限公司				密码区		（略）			
	纳税人识别号：310006254512745										
	地址、电话：重庆市涪陵区35号　023-65665790										
	开户行及账号：农业银行培风支行　75489657702										

货物或应税劳务名称	规格型号	单位	数量	单价	金额	税率	税额
PVC环保给水管		米	2 000	30.00	60 000.00	17%	10 200.00

价税合计（大写）	人民币柒万零贰佰元整			￥70 200.00

销货单位	名　称	北星新兴材料有限责任公司	备注	52551000562 发票专用章
	纳税人识别号：510002356179846			
	地址、电话：成都市蜀兴路28号　028-87653218			
	开户行及账号：工行成都高新西区支行　58062203691			

收款人：　　　复核：　　　开票人：戴青　　　销货单位：（章）

第一联 记账联 销货方记账凭证

凭证2-2 $\frac{2}{2}$

产品出库单

2011年12月5日　　　　　第　57　号

编　号	名　称	规　格	单　位	数量		单位成本/元	金额/元	备注
				要　数	实　发			
	PVC环保给水管		米	2 000	2 000	18.50	37 000.00	
合　计				2 000	2 000	18.50	37 000.00	

二 记账联

记账：毛新亮　　　　发货：李志　　　　制单：陈灵

3）12月8日，收到四川杰达装饰材料有限公司交来的一张12月1日签发的、期限为3个月的不带息银行承兑汇票，票面金额93 600元，系归还上月所欠货款（原始凭证见凭证2-3）。

凭证2-3　　　　**银行承兑汇票　2**

出票日期（大写）贰零壹壹年壹拾贰月零壹日　　　　0565421

出票人	全　称	四川杰达装饰材料有限公司	收款人	全　称	北星新兴材料有限责任公司										
	账　号	200874522011		账　号	58062203691										
	开户行	农业银行锦江支行　行号 25512		开户行	工行成都高新西区支行　行号 26125										

汇票金额	人民币（大写）玖万叁仟陆佰元整	千	百	十	万	千	百	十	元	角	分
				￥	9	3	6	0	0	0	0

汇票到期日	2012年03月01日	本汇票已经承兑，到期由本行付款	承兑协议编号	210089

本汇票请你行承兑，到期无条件付款

四川杰达装饰材料有限公司财务专用章　王奇新印　出票人签章 2011年12月01日

中国农业银行锦江支行 2011.12.01 汇票专用章 承兑行签章 承兑日期 2011年12月01日

科目（借）：
对方科目（贷）：
转账　年　月　日
复核　记账

款项收付款行作借方凭证附件 此联收款人开户行随委托收 凭证寄付款行作借方凭证附件

4）12月9日，收到成都益美包装品有限公司的转账支票一张，金额 1 200 元，系归还上月租入包装物的押金$\left(\text{原始凭证见凭证 2-4 }\frac{1}{2}\text{ 和凭证 2-4 }\frac{2}{2}\right)$。

凭证2-4$\frac{1}{2}$　　　　　中国农业银行转账支票

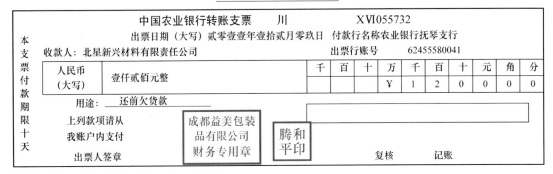

凭证2-4$\frac{2}{2}$

中国工商银行进账单（收账通知）　3

2011年12月09日　　　　　　　　№ 059653

出票人	全　称	成都益美包装品有限公司	收款人	全　称	北星新兴材料有限责任公司
	账　号	62455580041		账　号	58062203691
	开户银行	农业银行抚琴支行		开户银行	工商银行成都高新西区支行

| 人民币（大写）壹仟贰佰元整 | 2011.12.09 | 千 | 百 | 十 | 万 | 千 | 百 | 十 | 元 | 角 | 分 |
| | | | | | ￥ | 1 | 2 | 0 | 0 | 0 | 0 |

| 票据种类 | 支票 | 转讫 |
| 票据张数 | 1 | |

| 单位主管 | 会计 | 复核 | 记账 | 收款人开户行盖章 |

5）12月10日，向新欣有限责任公司购买材料，以电汇方式预付材料款 40 000 元（原始凭证见凭证 2-5）。

6）12月13日，向四川精益实业发展有限公司购进材料一批，增值税专用发票上注明价款 76 800 元，增值税税款为 13 056 元，材料已验收入库，款项尚未支付$\left(\text{原始凭证见}\right.$凭证2-6 $\frac{1}{2}$ 和凭证2-6 $\frac{2}{2}\left.\right)$。

凭证2-5　　　　　中国工商银行　结算业务申请书

申请日期　2011年12月10日　　　　VII 0295463245

客户填写	业务类型	☑电汇　□信汇　□汇票　□本票其他	汇款方式	☑普通　□加急	第三联 回单联
	申请人	全　称	北星新兴材料有限责任公司	收款人	全　称	新欣有限责任公司	
		账号或地址	58062203691		账号或地址	52500012466	
		开户行名称	工商银行成都高新西区支行		开户行名称	农业银行信科路支行	
	金额（大写）人民币肆万元整		亿	千	百	十	万	千	百	十	元	角	分	
		2011.12.10					￥	4	0	0	0	0	0	0	
	付款行签章：		支付密码		
			附加信息及用途：预付款		
银行打印	转讫		

| 会计主管： | 复核： | 记账： |

凭证2-6 $\frac{1}{2}$

四川省增值税专用发票

税务局监制

发票联

No.00950156

2800092533

开票日期：2011年12月13日

购货单位	名 称：	北星新兴材料有限责任公司				密码区	(略)			第二联 发票联 购货方记账凭证
	纳税人识别号：510002356179846									
	地址、电话：成都市蜀兴路28号 028-87653218									
	开户行及账号：工行成都高新西区支行 58062203691									

货物或应税劳务名称	规格型号	单位	数量	单价	金额	税率	税额
PVC树脂粉		吨	16	4 800	76 800.00	17%	13 056.00

价税合计（大写）	人民币捌万玖仟捌佰伍拾陆元整	89 856.00

销货单位	名 称：	四川精益实业发展有限公司	备注	本票支付 360841001112324 发票专用章
	纳税人识别号：510001001112324			
	地 址、电话：广安市庆丰路32号 0826-8544692			
	开户行及账号：农行广安市庆丰分行 54626875232			

收款人：　　　　复核：　　　　开票人：李红玲　　　　销货单位：（章）

凭证2-6 $\frac{2}{2}$

收 料 单

供货单位：四川精益实业发展有限公司

发票编号：No.00950156　　　　　2011 年 12 月 13 日　　　　　单位：元

类别	名称	规格	单位	数 量		实际成本			
				应收	实收	单价	金额	运费	合计
主要材料	树脂粉		吨	16.00	16.00	4800	76 800.00		76 800.00

主管：王 倩　　　　会计：王婷靓　　　　仓库保管：周新美　　　　经办人：何 涛

7）12 月 18 日，收到重庆永昌建筑工程有限公司上述 12 月 5 日的销售款 69 498 元，按规定给予现金折扣（原始凭证见凭证 2-7）。

凭证2-7

中国工商银行 进账单（收账通知）3

2011年12月18日

No 059653

出票人	全 称	重庆永昌建筑工程有限公司	收款人	全 称	北星新兴材料有限责任公司
	账 号	75489657702		账 号	58062203691
	开户银行	农业银行培风支行		开户银行	工商银行成都高新西区支行

人民币（大写）陆万玖仟肆佰玖拾捌元整		千	百	十	万	千	百	十	元	角	分
	2011.12.18		Y	6	9	4	9	8	0	0

票据种类	转账支票	转讫
票据张数	1	

单位主管　会计　复核　记账	收款人开户行盖章

8）12 月 20 日，由于资金紧张，公司将 12 月 8 日收到的银行承兑汇票向开户银行申请贴现，年贴现率为 9.6%，一年按 360 天计（原始凭证见凭证 2-8）。

凭证2-8

票据贴现凭证（收账通知） 4

填写日期： 年 月 日　　　　　　　　No：2416

申请人	全　称		贴现汇票	种类及号码												申此请联人是的银收行账给
	账　号			出票日												
	开户银行			到期日			开户银行									
汇票承兑人			账号					千百十万千百十元角分								
汇票金额	人民币(大写)					实付金额		千百十万千百十元角分								通贴知现
年贴现率		贴现利息														
6%						备注：										
上述款项已入你单位账户。银行盖章 2011年12月20日																

（工商银行成都高新西区支行 2011.12.20 转讫）

9）12 月 22 日，得知客户成都兴盛建设有限公司发生财务困难，经审批，按个别认定法对该公司的应收账款全额计提坏账准备（原始凭证见凭证 2-9）。

凭证2-9　　　　　　　　　　　　　计提坏账准备

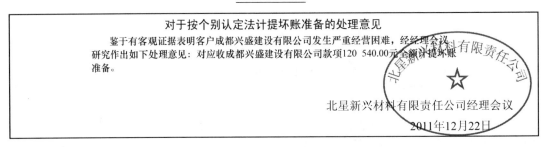

对于按个别认定法计提坏账准备的处理意见

　　鉴于有客观证据表明客户成都兴盛建设有限公司发生严重经营困难，经经理会议研究作出如下处理意见：对应收成都兴盛建设有限公司款项120 540.00元全额计提坏账准备。

　　　　　　　　　　　　　　　　　　北星新兴材料有限责任公司经理会议
　　　　　　　　　　　　　　　　　　2011年12月22日

10）12 月 25 日，赊销给四川花样新城有限责任公司一批产品，按价目表上的价格计算，货款为 120 000 元，增值税税款为 20 400 元，由于该公司购买的数量较大，企业给予该公司 8% 的商业折扣，并以此开具增值税专用发票，货已发出，款项尚未收到（原始凭证见凭证 2-10 $\frac{1}{2}$ 和凭证 2-10 $\frac{2}{2}$）。

凭证2-10 $\frac{1}{2}$

四川省增值税专用发票

记账联

No 00510547

320005114　　　　　　　　　　　　　开票日期：2011年12月25日

购货单位	名　称：四川花样新城有限责任公司 纳税人识别号：510005400068 地址、电话：成都市红星路225号 028-83667555 开户行及账号：建行红星路支行 62455000374		密码区	（略）		
货物或应税劳务名称	规格型号	单位	数量	单价	金额	税率	税额
PVC软板		平方米	2 000	55.2	110 400.00	17%	18 768.00
价税合计（大写）	人民币壹拾贰万玖仟壹佰陆拾捌元整				￥129 168.00		
销货单位	名　称：北星新兴材料有限责任公司 纳税人识别号：510002356179846 地址、电话：成都市蜀兴路28号 028-87653218 开户行及账号：工行成都高新西区支行 58062203691		备注	52551000562 发票专用章		

收款人：　　　复核：　　　开票人：戴青　　　销货单位：（章）

第一联 记账联 销货方记账凭证

凭证 2-10 $\frac{2}{2}$

产 品 出 库 单

2011 年 12 月 5 日   第____58____号

编号	名称	规格	单位	数 量		单位成本/元	金额/元	备注
				要数	实发			
	PVC 软件		米	2 000	2 000	31.2	62 400.00	二记账联
	合 计			2 000	2 000	31.2	62 400.00	

记账：毛新亮   发货：李 志   制单：陈 灵

11）12 月 26 日，与成都希望有限公司签订协议，采用预收款方式向希望公司销售一批商品。协议约定，该批商品价格 100 000 元，增值税税款为 17 000 元；希望公司在协议签订时预付 30％的价税款，剩余款项于两个月后收到商品时支付。同日，收到银行转来的收账通知（原始凭证见凭证 2-11）。

凭证2-11

中国工商银行进账单（收账通知）3

2011年12月26日   № 085521

付款人	全 称	成都希望有限公司		收款人	全 称	北星新兴材料有限责任公司										
	账 号	55333270515			账 号	58062203691									
	开户银行	建设银行太升路支行			开户银行	工商银行成都高新西区支行									
人民币（大写）叁万伍仟壹佰元整						千	百	十	万	千	百	十	元	角	分
								￥3	5	1	0	0	0	0	0
票据种类															
票据张数															
单位主管 会计 复核 记账							收款人开户行盖章								

12）12 月 28 日，成都兴盛建设有限公司按法定程序破产，经批准核销该笔应收账款（原始凭证见凭证 2-12）。

凭证2-12   核销应收款项

对于核销应收款项的处理意见

因客户成都兴盛建设有限公司按照法定程序已经执行了破产清算，经经理会议研究作出如下处理意见：核销对应收成都兴盛建设有限公司款项120 540.00元。

北星新兴材料有限责任公司经理会议

2011年12月28日

13）12 月 31 日，计提 12 月 1 日签发的商业承兑汇票利息（原始凭证见凭证 2-13）。

凭证 2-13   **应付票据利息计算**

票据种类：商业承兑汇票   票据号码：0220451
签发日期：2011 年 12 月 01 日   收款人：新宇材料制造有限公司
票据利息＝票面金额×票面利率×期限
＝59 670×6‰÷12×1
＝298.35（元）
该应付票据 2011 年 12 月应计提的利息为 298.35 元。

14）12 月 31 日，核算本月应交的增值税（原始凭证见凭证 2-14）。

凭证 2-14   **应交增值税计算表**

年   月   日至   年   月   日   单位：元

项　目			计税金额	适用税率	税　额	备　注
销项	应税货物	货物名称				
		小　计				
	应税劳务	劳务名称				
		小　计				
进项	本期进项税额发生额					
	进项税额转出					
	1.					
	2.					
	期初留抵税额				0.00	
	本期应纳税额					

会计主管：李美娟　　　　　复核：赵　亮　　　　　制表：王婷靓

15）12 月 31 日，核算本月应交的城建税和教育费附加（原始凭证见凭证 2-15）。

凭证 2-15   **应交城市维护建设税、教育费附加计算表**

年   月   日至   年   月   日   单位：元

项　目	计税基数		应交城建税/7%	应交教育费附加/3%	合计
	增值税	营业税			
合　计					

会计主管：李美娟　　　　　复核：赵　亮　　　　　制表：王婷靓

16）12 月 31 日，按照应收款项余额百分比法计算并计提本期坏账准备，扣除采用个别认定法计提坏账准备并已核销的应收账款（原始凭证见凭证 2-16）。

凭证 2-16

坏账准备提取计算表

年 月 日 单位：元

年末"应收账款"科目余额	坏账准备提取比率	提取前"坏账准备"科目借方余额	提取前"坏账准备"科目贷方余额	本期应提取的坏账准备

会计主管：李美娟 复核：赵 亮 制表：王婷靓

项目3 存货核算岗位实训

一、实训目标

1）掌握存货按实际成本计价的核算，包括购入、暂估入价、发出的核算。

2）掌握存货按计划成本计价的核算，包括购入、发出的核算，以及发出存货应负担的成本差异的计算与结转。

二、实训要求

1）根据实训资料，填制相关空白原始凭证。

2）根据实训资料，编制记账凭证。

3）根据实训资料，开设并登记存货的相关账簿。

三、操作准备

1）熟悉《企业会计准则——存货》及存货核算的岗位职责。

2）会计实训室，企业基本情况，经济业务的原始凭证。

3）通用记账凭证或收付转专用记账凭证，总账及明细账。

四、操作流程

存货核算业务操作流程见图 3-1。

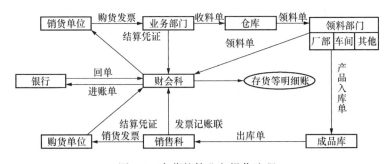

图 3-1 存货核算业务操作流程

五、实训资料

（一）原材料采用实际成本核算实训

北星新兴材料有限责任公司对原材料采用实际成本法核算，发出材料成本采用月末一次加权平均法。2012 年 5 月 1 日公司有关账户余额资料见表 3-1。

表 3-1 公司有关账户余额资料

总账账户	二级明细	三级明细	计量单位	数量	单价/元	金额/元
原材料	辅助材料	PVC 新料	千克	1 384	75.00	103 800.00
		PVC 聚乙烯再生料	千克	1 780	30.00	53 400.00
		PVC 树脂粉	千克	800	48.00	38 400.00

1）1 日，将 4 月末已收到材料尚未收到发票的暂估款 9 600 元冲回，采购材料为 PVC 树脂粉，数量 208 千克，供应商为成都英孚材料有限责任公司。

2）5 日，收到 4 月向成都英孚材料有限责任公司采购的已入库 PVC 树脂粉的购货发票，单价每千克 50 元，采购 208 千克（原始凭证见凭证 3-1）。

凭证3-1

四川省增值税专用发票

发票联

3600052620

№. 00620860

开票日期：2012年05月05日

购货单位	名　　　称：北星新兴材料有限责任公司 纳税人识别号：510002356179846 地址、电话：成都市高新西区蜀兴路28号　028-87653218 开户行及账号：工商银行成都高新西区支行 732001260004619		密码区	6+-〈2〉6〉927+296+/ *　加密版本：01 446〈600375〈35〉〈4/ * 37009931410 2-2〈2051+24+2618〈7　07050445 /3-15〉〉09/5/-1〉〉〉+2	

货物或应税劳务名称 PVC树脂粉	规格型号	单位 千克	数量 208	单价 50.00	金　额 10 400.00	税率 17%	税　额 1 768.00
合　　计					￥10 400.00		￥1 768.00
价税合计（大写）　⊗壹万贰仟壹佰陆拾捌元整						（小写）￥12 168.00	

销货单位	名　　　称：成都英孚材料有限责任公司 纳税人识别号：522006268298560 地址、电话：成都市高新西区蜀兴路80号　028-87626688 开户行及账号：工商银行成都高新西区支行　723004210002299	备 注	3100001240005678 发票专用章

收款人：　　　　复核：　　　　开票人：张霞　　　　销货单位：(章)

3）8 日，向成都英孚材料有限责任公司购入 PVC 新料 500 千克，单价为每千克 76 元，付款条件为 2/10、1/20、$n/30$，验收入库。假设按结算金额的总额计算折扣（原始凭证见凭证 3-2 $\frac{1}{2}$ 和凭证 3-2 $\frac{2}{2}$）。

凭证3-2 $\frac{1}{2}$

四川省增值税专用发票

发票联

3600052624

No00620864

开票日期：2012年05月08日

购货单位	名　　　称：北星新兴材料有限责任公司 纳税人识别号：510002356179846 地址、电话：成都市高新西区蜀兴路28号 028-87653218 开户行及账号：工商银行成都高新西区支行 732001260004619		密码区	6+-〈2〉6〉927+296+/ *　加密版本：01 446〈600375〈35〉〈4/ * 37009931410 2-2〈2051+24+2618〈7　07050445 /3-15〉〉09/5/-1〉〉〉+2	

货物或应税劳务名称 PVC新料	规格型号	单位 千克	数量 500	单价 76.00	金额 38 000.00	税率 17%	税额 6 460.00
合　　计					￥38 000.00		￥6 460.00
价税合计（大写）　⊗肆万肆仟肆佰陆拾元整						（小写）￥44 460.00	

销货单位	名　　　称：成都英孚材料有限责任公司 纳税人识别号：522006268298560 地址、电话：成都市高新西区蜀兴路80号　028-87626688 开户行及账号：工商银行成都高新西区支行　723004210002299	备 注	3100001240005610 发票专用章

收款人：　　　　复核：　　　　开票人：张霞　　　　销货单位：(章)

凭证 3-2 $\frac{2}{2}$

收 料 单

供货单位：成都英孚材料有限责任公司　　　　　　　　　　　　凭证编号：200
发票编号：6620391　　　　　　　　2012 年 05 月 08 日　　　　收料仓库：1 号仓库

类别	编号	名称	规格	单位	数量		实际成本			
					应收	实收	单价	金额	运费	合计
原材料	101	PVC 新料								

主管　王 红　　　记账　叶 丽　　　仓库保管　李 林　　　经办人　张 非

　　4）10 日，向德阳海星有限责任公司购入 1 000 千克 PVC 聚氯乙烯再生料，单价为每千克 35 元，德阳海星有限责任公司代垫了运杂费 600 元，材料尚未入库（原始凭证见凭证 3-3 $\frac{1}{2}$ 和凭证 3-3 $\frac{2}{2}$）。

凭证 3-3 $\frac{1}{2}$

四川省增值税专用发票

税 务 发票联 监制　　　　　　　　No.00620866
3600052626　　　　　　　　　　　　　开票日期：2012 年 05 月 10 日

购货单位	名　称：北星新兴材料有限责任公司 纳税人识别号：51000 2356179846 地址、电话：成都市高新西区蜀兴路28号 028-87653218 开户行及账号：工商银行成都高新西区支行 732001260004619	密码区	6+-〈2〉6〉927+296+/＊ 加密版本：01 446〈600375〈35〉〈4/＊ 37009931410 2-2〈2051+24+2618〈7 07050445 /3-15〉〉09/5/-1〉〉〉+2

货物或应税劳务名称	规格型号	单位	数量	单价	金 额	税率	税 额
PVC聚乙烯再生料		千克	1 000	35.00	35 000.00	17%	5 950.00
合　计					¥ 35 000.00		¥ 5 950.00

价税合计（大写）⊗ 肆万零玖佰伍拾元整　　　　　　　（小写）¥ 40 950.00

销货单位	名　称：德阳海星有限责任公司 纳税人识别号：200005258292160 地址、电话：德阳市黄河路100号 0838-2283455 开户行及账号：工商银行德阳黄河支行 86605302006786	备注	3100001240004321

收款人：　　　复核：　　　开票人　张 霞　　　销货单位：（章）

凭证 3-3 $\frac{2}{2}$

公路、内河货物运输业统一发票

发票联　　　　发票代码：622069000320
开票日期 2012年05月10日　　　　　　发票号码：6209330

收货人及纳税人识别号	北星新兴材料有限责任公司 510002356179846	承运人及纳税人识别号	德阳市韵达物流公司 2501423300612123		备注
发货人及纳税人识别号	德阳海星有限责任公司 200005258292160	主管税务机关及代码	德阳市地税局 5600892		
运输项目及金额	运费 600.00	其他项目及金额			
运费小计	¥600.00	其他费用小计	3100001240004378		
合计（大写）	人民币陆佰元整		发票专用章		

代开单位盖章：　　　　　　　　　　开票人　王 谦

5）12 日，收到 5 月 10 日向德阳海星有限责任公司采购的 1 000 千克 PVC 聚乙烯再生料，短缺 5 千克，系合理损耗（原始凭证见凭证 3-4）。

凭证 3-4

收　料　单

供货单位：德阳海星有限责任公司　　　　　　　　　　　　凭证编号：212
发票编号：6620392　　　　　　2012 年 05 月 10 日　　　收料仓库：1 号仓库

类别	编号	名称	规格	单位	数量		实际成本			
					应收	实收	单价	金额	运费	合计
原材料	102	PVC 聚乙烯再生料								

备注：损耗 200 千克系运输途中的合理损耗

主管：王　红　　　记账：叶　丽　　　仓库保管：李　林　　　经办人：张　非

6）17 日，向成都英孚材料有限责任公司支付 5 月 8 日购买 PVC 新料 500 千克的货款（原始凭证见凭证 3-5）。

凭证 3-5

中国工商银行转账支票

中国工商银行 转账支票存根 IV V286640	中国工商银行转账支票　　　　　IV V289221

科　　目：
对方科目：
出票日期：　年 月 日
收款人：
金　额：
用　途：
单位主管　会计

出票日期（大写）　　年　　月　　日　　　付款行名称：
收款人：　　　　　　　　　　　　　　　出票人账号：

本支票付款期限十天

人民币（大写）　　　千 百 十 万 千 百 十 元 角 分

用途 _____　北星新兴材料有限责任公司财务专用章　张京磊印
上列款项请从我账户支付
出票人签章

科目（借）
对方科目（贷）
转账日期　年　　月　　日
复核　　记账

7）18 日，通过电汇方式支付德阳海星有限责任公司 5 月 10 日购买 1 000 千克 PVC 聚乙烯再生料的货款（原始凭证见凭证 3-6）。

凭证 3-6

中国工商银行电汇凭证（回单）
1
第 10 号
委托日期：2012 年 05 月 18 日　　　　应解汇款编号 220

汇款人	全　称	北星新兴材料有限责任公司	收款人	全　称	德阳海星有限责任公司	此联是汇出行给付款人的回单
	账　号	732001260004619		账　号	86605302006786	
	汇出地点	四川 省 成都 市/县		汇入地点	四川 省 德阳 市/县	
汇出行名称		工商银行成都高新西区支行	汇入行名称		工商银行德阳黄河支行	

金额	人民币（大写）	肆万壹仟伍佰伍拾元整	千 百 十 万 千 百 十 元 角 分
			Y 4 1 5 5 0 0 0

工商银行成都高新西区 2012.05.18 转讫

汇款用途：货款　　　　　留行待取留收款人印鉴

支付密码

附加信息及用途：
复核　　记账

8）31 日，汇总材料领用单，编制发料凭证汇总表，并对本月领料业务进行账务处理（原始凭证见凭证 3-7 $\frac{1}{7}$～凭证 3-7 $\frac{7}{7}$）。

凭证 3-7 $\frac{1}{7}$

领 料 单

领料单位：一车间　　　　　　　　　2012 年 05 月 10 日　　　　　　　　凭证编号：010

用　途：甲产品　　　　　　　　　　　　　　　　　　　　　　　　　发料仓库：1 号仓库

类别	编号	名称	规格	单位	数量		单价	金额
					请领	实发		
主要材料	101	PVC 新料		千克	400	400		
主要材料	103	PVC 树脂粉		千克	200	200		

用途		领料部门		发料部门	
		负责人	领料人	核准人	发料人
		马 芳	何 东	叶 丽	李 林

凭证 3-7 $\frac{2}{7}$

领 料 单

领料单位：二车间　　　　　　　　　2012 年 05 月 10 日　　　　　　　　凭证编号：011

用　途：乙产品　　　　　　　　　　　　　　　　　　　　　　　　　发料仓库：1 号仓库

类别	编号	名称	规格	单位	数量		单价	金额
					请领	实发		
主要材料	102	PVC 聚乙烯再生料		千克	600	600		
主要材料	103	PVC 树脂粉		千克	200	200		

用途		领料部门		发料部门	
		负责人	领料人	核准人	发料人
		马 芳	何 东	叶 丽	李 林

凭证 3-7 $\frac{3}{7}$

领 料 单

领料单位：一车间　　　　　2012 年 05 月 16 日　　　　　凭证编号：020
用　途：一般消耗　　　　　　　　　　　　　　　　　　　发料仓库：1 号仓库

类别	编号	名称	规格	单位	数量		单价	金额
					请领	实发		
主要材料	103	PVC 树脂粉		千克	50	50		
用途					领料部门		发料部门	
					负责人	领料人	核准人	发料人
					马 芳	何 东	叶 丽	李 林

凭证 3-7 $\frac{4}{7}$

领 料 单

领料单位：二车间　　　　　2012 年 05 月 16 日　　　　　凭证编号：021
用　途：一般消耗　　　　　　　　　　　　　　　　　　　发料仓库：1 号仓库

类别	编号	名称	规格	单位	数量		单价	金额
					请领	实发		
主要材料	103	PVC 树脂粉		千克	20	20		
用途					领料部门		发料部门	
					负责人	领料人	核准人	发料人
					叶 丽	李 林	马 芳	何 东

凭证 3-7 $\frac{5}{7}$

领 料 单

领料单位：一车间　　　　　2012 年 05 月 25 日　　　　　凭证编号：011
用　途：乙产品　　　　　　　　　　　　　　　　　　　发料仓库：1 号仓库

类别	编号	名称	规格	单位	数量		单价	金额
					请领	实发		
主要材料	101	PVC 新料		千克	300	300		
主要材料	102	PVC 聚乙烯再生料		千克	500	500		
用途					领料部门		发料部门	
					负责人	领料人	核准人	发料人
					叶 丽	李 林	马 芳	何 东

凭证 3-7 $\frac{6}{7}$

领 料 单

领料单位：二车间 　　　　2012 年 05 月 25 日 　　　　凭证编号：011

用　　途：乙产品 　　　　　　　　　　　　　　　　发料仓库：1 号仓库

类别	编号	名称	规格	单位	数量		单价	金额
					请领	实发		
主要材料	101	PVC 新料		千克	400	400		
主要材料	102	PVC 聚乙烯再生料		千克	400	400		

用途		领料部门		发料部门	
		负责人	领料人	核准人	发料人
		叶 丽	李 林	马 芳	何 东

凭证 3-7 $\frac{7}{7}$

发料凭证汇总表

2012 年 05 月 31 日

材料/部门及用途	一车间		二车间		合计
	甲产品	一般消耗	乙产品	一般消耗	
PVC 新料					
PVC 聚乙烯再生料					
PVC 树脂粉					
合计					

记账：叶 丽　　　　复核：李 林　　　　制表：洪 波

（二）原材料采用计划成本核算实训

北星新兴材料有限责任公司对原材料采用计划成本法核算，2012 年 6 月 1 日公司有关账户余额资料见表 3-2。

表 3-2 公司有关账户余额资料

总账账户	二级明细	三级明细	计量单位	数量	单价/元	金额/元
原材料	辅助材料	船舶漆	千克	3 450	45.00	155 250.00
原材料	辅助材料	汽车漆	千克	4 200	60.00	252 000.00
材料采购	辅助材料	船舶漆	千克	3 000	46.50	139 500.00
材料采购	辅助材料	汽车漆	千克	4 800	55.50	266 400.00
材料成本差异	辅助材料	船舶漆	千克			9 300.00（借）
材料成本差异	辅助材料	汽车漆	千克			12 300.00（贷）

1）6 月 2 日，向成都英孚材料有限责任公司，购入汽车漆 1 800 千克，单价为 58 元，

签发转账支票支付货款，材料尚未收到（原始凭证见凭证 3-1 $\frac{1}{2}$ (2) 和 凭证 3-1 $\frac{2}{2}$ (2)）。

凭证3-1 $\frac{1}{2}$ (2)

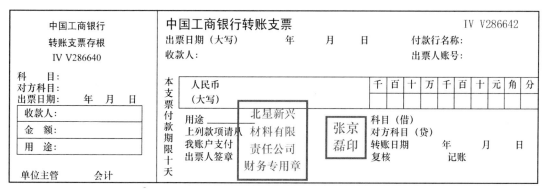

2）6月4日，上月向德阳海星有限责任公司购入的 3 000 千克的船舶漆到达并验收入库（原始凭证见凭证 3-2 (2)）。

凭证 3-2(2)

收　料　单

供货单位：德阳海星有限责任公司　　　　　　　　　　　　　　　凭证编号：302
发票编号：6620392　　　　　　　2012 年 06 月 04 日　　　　　收料仓库：2 号仓库

类别	编号	名称	规格	单位	数　量		实　际　成　本			
					应收	实收	单价	金额	运费	合计
原材料	111	船舶漆								
备注：计划单价 45 元/千克										

主管：王 红　　记账：叶 丽　　仓库保管：李 林　　经办人：张 非

3）6月6日，上月向成都五星材料有限责任公司购入的4 800千克的汽车漆到达并验收入库（原始凭证见凭证3-3(2)）。

凭证3-3(2)

收 料 单

供货单位：成都五星材料有限责任公司　　　　　　　　　　　　　　　　　凭证编号：303
发票编号：6620393　　　　　　　2012年06月06日　　　　　　　收料仓库：2号仓库

类别	编号	名称	规格	单位	数　量		实际成本			
					应收	实收	单价	金额	运费	合计
原材料	112	汽车漆								

备注：计划单价60元/千克

主管：王 红　　　记账：叶 丽　　　仓库保管：李 林　　　经办人：张 非

4）6月10日，向成都英孚材料有限责任公司购入的汽车漆到达并验收入库（原始凭证见凭证3-4（2））。

凭证3-4(2)

收 料 单

供货单位：成都五星材料有限责任公司　　　　　　　　　　　　　　　　　凭证编号：304
发票编号：6620392　　　　　　　2012年06月06日　　　　　　　收料仓库：2号仓库

类别	编号	名称	规格	单位	数　量		实际成本			
					应收	实收	单价	金额	运费	合计
原材料	112	汽车漆								

备注：计划单价60元/千克

主管：王 红　　　记账：叶 丽　　　仓库保管：李 林　　　经办人：张 非

5）6月16日，向德阳海星有限责任公司购入船舶漆2 000千克，单价为48元/千克，另外还需支付代垫运费600元，通过电汇方式支付货款和运费，材料尚未到达（原始凭证见凭证3-5 $\frac{1}{3}$ (2)～凭证3-5 $\frac{3}{3}$ (2)）。

凭证3-5 $\frac{1}{3}$ (2)

四川省增值税专用发票

No00620808

3600052622　　　　　　　　　　　　　　　　　　　　开票日期：2012年06月16日

购货单位	名　称：	北星新兴材料有限责任公司		密码区	6+-〈2〉6〉927+296+/ * 446〈600375〈35〉〈4/ * 2-2〈2051+24+2618〈7 /3-15〉09/5/-1〉〉+2	加密版本：01 37009931410 07050445
	纳税人识别号：	510002356179846				
	地址、电话：	成都市高新西区蜀兴路28号 028-87653218				
	开户行及账号：	工商银行成都高新西区支行 732001260004619				
货物或应税劳务名称	规格型号	单位	数量	单价	金　额	税率	税　额
船舶漆		千克	2 000	48.00	96 000.00	17%	16 320.00
合　计					￥96 000.00		￥16 320.00
价税合计（大写）	⊗壹拾壹万贰仟叁佰贰拾元整					（小写）￥112 320.00	
销货单位	名　称：	德阳海星有限责任公司		备注	310790124003560	
	纳税人识别号：	200005258292160				
	地址、电话：	德阳市黄河路100号 0838-2283455				
	开户行及账号：	工商银行德阳黄河支行 86605302006786				

收款人：　　　　　　复核：　　　　　　开票人：张 霞　　　　　　销货单位：（章）

凭证3-5 $\frac{2}{3}$ (2)

公路、内河货物运输业统一发票

发票代码：722069000322

发票联

开票日期　2012年06月16日

发票号码：7209330

收货人及纳税人识别号	北星新兴材料有限责任公司 510002356179846	承运人及纳税人识别号	德阳市韵达物流公司 2501423300612123	第一联 发票联 付款方记账凭证
发货人及纳税人识别号	德阳海星有限责任公司 200005258292160	主管税务机关及代码	德阳市地税局 5600892	
运输项目及金额	运费600.00	其他项目及金额	备注	
运费小计	￥600.00	其他费用小计		
合计（大写）	人民币陆佰元整			

代开单位盖(章)：

开票人：丁谦

凭证3-5 $\frac{3}{3}$ (2)

中国工商银行电汇凭证（回单）　　1　　　第032号

委托日期：2012年06月16日　　　应解汇款编号　290

汇款人	全称	北星新兴材料有限责任公司	收款人	全称	德阳海星有限责任公司	此联是汇出行给付款人的回单
	账号	732001260004619		账号	86605302006786	
	汇出地点	四川省 成都 市/县		汇入地点	四川省 德阳 市/县	
汇出行名称		工商银行成都高新西区支行	汇入行名称		工商银行德阳黄河支行	
金额	人民币（大写）	壹拾壹万贰仟玖佰贰拾元整			千百十万千百十元角分 ￥1 1 2 9 2 0 0 0	
汇款用途：货款			留行待取预留收款人印鉴			
			支付密码			
			附加信息及用途： 复核　　　记账			

6）6月20日，向德阳海星有限责任公司购入的船舶漆到达并验收入库（原始凭证见凭证3-6（2））。

凭证3-6(2)

收　料　单

供货单位：德阳海星有限责任公司　　　　　　　　　　　　　　　　　　凭证编号：305

发票编号：6620395　　　　　　　2012年06月04日　　　　　　　收料仓库：2号仓库

类别	编号	名称	规格	单位	数量		实际成本			
					应收	实收	单价	金额	运费	合计
原材料	111	船舶漆								

备注：计划单价45元/千克

主管：王红　　　记账：叶丽　　　仓库保管：李林　　　经办人：张非

7）6月30日，计算船舶漆、汽车漆本月的材料成本差异率。

8）6月30日，汇总本月领料单，编制发料凭证汇总表，对本月领料业务进行账务处理，分配领用材料应承担的材料成本差异（原始凭证见凭证 3-7 $\frac{1}{3}$(2)～凭证 3-7 $\frac{3}{3}$(2)）。

凭证 3-7 $\frac{1}{3}$(2)

领 料 单

领料单位：一车间 用 途：丙产品

2012 年 06 月 30 日

凭证编号：052 发料仓库：2 号仓库

类别	编号	名称	规格	单位	数量		单价	金额
					请领	实发		
辅助材料	111	船舶漆		千克	2 000	2 000		
辅助材料	112	汽车漆		千克	1 800	1 800		

用途	领料部门		发料部门	
	负责人	领料人	核准人	发料人
	马 芳	何 东	叶 丽	李 林

凭证 3-7 $\frac{2}{3}$(2)

领 料 单

领料单位：二车间 用 途：丁产品

2012 年 06 月 30 日

凭证编号：053 发料仓库：2 号仓库

类别	编号	名称	规格	单位	数量		单价	金额
					请领	实发		
辅助材料	111	船舶漆		千克	1 500	1 500		
辅助材料	112	汽车漆		千克	2 200	2 200		

用途	领料部门		发料部门	
	负责人	领料人	核准人	发料人
	马 芳	何 东	叶 丽	李 林

凭证 3-7 $\frac{3}{3}$(2)

发料凭证汇总表

2012 年 06 月 30 日

部门及用途/材料		船舶漆			汽车漆			总计
		计划成本	材料成本差异	小计	计划成本	材料成本差异	小计	
一车间	丙产品							
二车间	丁产品							
合计								

记账：叶 丽　　　　复核：马 芳　　　　制表：洪 波

项目 4 固定资产及其他资产核算岗位实训

一、实训目标

1）掌握固定资产取得时的核算。
2）掌握固定资产后续支出的账务处理。
3）掌握固定资产计提折旧、减值准备的账务处理。
4）掌握固定资产处置时的核算。
5）掌握无形资产取得时的核算。
6）掌握无形资产摊销、减值准备的账务处理。
7）掌握无形资产处置时的核算。

二、实训要求

1）根据实训资料，填制相关空白原始凭证。
2）根据实训资料，编制记账凭证。
3）根据实训资料，开设并登记固定资产、无形资产的相关账簿。

三、操作准备

1）熟悉《企业会计准则——固定资产》、《企业会计准则——资产减值》、固定资产核算、《企业会计准则——无形资产》及无形资产核算的岗位职责。
2）会计实训室，企业基本情况，经济业务的原始凭证。
3）通用记账凭证或收付转专用记账凭证，总账及明细账。

四、操作流程

固定资产及其他资产核算业务操作流程见图 4-1。

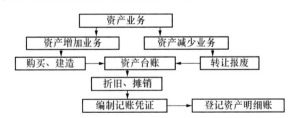

图 4-1 固定资产及其他资产核算业务操作流程

五、实训资料

（一）固定资产业务实训

北星新兴材料有限责任公司固定资产折旧采用年限平均法，预计使用年限 10 年，预计净残值率为 3%，在经营过程中如折旧要素（固定资产原值、预计使用年限、预计净残值等）发生变更，按变动后的要素来计提折旧。

1) 2009 年 12 月 1 日，北星新兴材料有限责任公司购入一台不需安装的机床，按公司固定资产分类方法，该机床属于生产设备，增值税专用发票注明：价款 100 万元，增值税税额 17 万元，另发生运输费 2 万元。公司签发转账支票支付价税款及运费（原始凭证见凭证 4-1 $\frac{1}{4}$～凭证 4-1 $\frac{4}{4}$）。

凭证 4-1 $\frac{1}{4}$

江苏省增值税专用发票

发票联

No.00620780

3600052533

开票日期：2009年12月01日

购货单位	名　　称：北星新兴材料有限责任公司						密码区	6+-〈2〉6〉927+296+/*　加密版本：01 446〈600375〈35〉〈4/*　37009931410 2-2〈2051+24+2618〈7　07050445 /3-15〉〉09/5/-1〉〉〉+2		
	纳税人识别号：510002356179846									
	地址、电话：成都市高新西区蜀兴路28号 028-87653218									
	开户行及账号：工商银行成都高新西区支行 732001260004619									
货物或应税劳务名称	规格型号	单位	数量	单价	金额	税率	税额			
数控机床		台	1	1 000 000.00	1 000 000.00	17%	170 000.00			
合　计					￥1 000 000.00		￥170 000.00			
价税合计（大写）	⊗ 壹佰壹拾柒万元整						（小写）￥1 170 000.00			
销货单位	名　　称：泰州市数控机床有限责任公司					备注				
	纳税人识别号：370863786263889									
	地址、电话：泰州市解放路108号　5660368									
	开户行及账号：泰州市工行余江路支行　56010112364									

第二联 发票联 购货方记账凭证

收款人：　　　　复核：　　　　开票人：李艺　　　　销货单位：（章）

凭证 4-1 $\frac{2}{4}$

中国工商银行转账支票

中国工商银行 转账支票存根 IV V286640 科　　目： 对方科目： 出票日期：　年 月 日 收款人： 金　额： 用　途： 单位主管　　会计	中国工商银行转账支票　　　　　IV V282230

出票日期（大写）　　年　月　日　　付款行名称：

收款人：　　　　　　　　　　　　出票人账号：

人民币 （大写）	千	百	十	万	千	百	十	元	角	分

本支票付款期限十天

用途：
上列款项请从
我账户支付
出票人签章

北星新兴
材料有限
责任公司
财务专用章

张京磊印

科目（借）
对方科目（贷）
转账日期　　年　月　日
复核　　记账

凭证4-1 $\frac{3}{4}$

公路、内河货物运输业统一发票

发票联

发票代码：422069000290

发票号码：4209220

开票日期　2009 年 12 月 01日

收货人及纳税人识别号	北星新兴材料有限责任公司 510002356179846	承运人及纳税人识别号	泰州市捷豫物流公司 310153230052222
发货人及纳税人识别号	泰州市数控机床有限责任公司 370863786263889	主管税务机关及代码	泰州市地税局 2831006

运输项目及金额	运费 20 000.00	其他项目及金额		备注	
运费小计	￥20 000.00	其他费用小计			
合　计（大写）	人民币贰万元整				

代开单位：（章）　　　　　　　　　　　　　　开票人：

第一联　发票联　付款方记账凭证

凭证4-1 $\frac{4}{4}$

中国工商银行转账支票

中国工商银行 转账支票存根 IV V286640 科　目： 对方科目： 出票日期：　年　月　日 收款人： 金　额： 用　途： 单位主管　　会计	中国工商银行转账支票　　　IV V282235

出票日期（大写）　年　月　日　　付款行名称：
收款人：　　　　　　　　　　　　出票人账号：

		千	百	十	万	千	百	十	元	角	分
人民币（大写）											

用途　　　　　　　　　科目（借）
上列款项请从　　　　　对方科目（贷）
我账户支付　　　　　　转账日期　年　月　日
出票人签章　　　　　　复核　　　　记账

本支票付款期限十天

北星新兴材料有限责任公司财务专用章

张京磊印

2）2010 年 5 月 5 日，机床发生故障，发生修理费用 2 万元（原始凭证见凭证 4-2）。

凭证4-2

江苏省增值税专用发票

全国统一发票监制章
税务局监制

发票联

NO. 00620786

3600052600　　　　　　　　　　　　　　开票日期：2010年05月05日

购货单位	名　　称：北星新兴材料有限责任公司 纳税人识别号：510002356179846 地址、电话：成都市高新西区蜀兴路28号 028-87653218 开户行及账号：工商银行成都高新西区支行 732001260004619	密码区	6+-〈2〉6）927+296+/ * 446〈600375〈35〉〈4/ * 2-2〈2051+24+2618〈7 /3-15〉〉09/5/-1〉〉+2	加密版本：01 37009931410 07050445

货物或应税劳务名称	规格型号	单位	数量	单价	金额	税率	税额
修理修配					20 000.00	17%	3 400.00
合　　计					￥20 000.00		￥3 400.00
价税合计（大写）	⊗ 贰万叁仟肆佰元整					（小写）￥23 400.00	

销货单位	名　　称：泰州市数机床有限责任公司 纳税人识别号：370863786263889 地址、电话：泰州市解放路108号　5660368 开户行及账号：泰州市工行余江路支行　56010112364	备注	32205226910 发票专用章

收款人：　　　　复核：　　　　开票人：李艺　　　　销货单位：（章）

第二联　发票联　购货方记账凭证

3）2011 年 12 月 28 日，北星新兴材料有限责任公司对固定资产进行减值测试，经认定数控机床预计可收回金额为 60 万元。计提减值后，该设备原预计使用年限、预计净残值、折旧方法保持不变（原始凭证见凭证 4-3 $\frac{1}{2}$ 和凭证 4-3 $\frac{2}{2}$）。

凭证 4-3 $\frac{1}{2}$ **北星新兴材料有限责任公司六届十次董事会决议**

北星新兴材料有限责任公司于 2011 年 12 月 28 日在公司会议室召开董事会会议。应参加董事会为 4 人，实际参加会议董事 4 人，符合公司章程规定，会议有效。会议审议通过了以下决议：

公司于 2009 年 12 月购入的数控机床账面原值_____元，累计折旧_____元，净值_____元，未计提过减值准备。由于该机床生产的产品不符合市场需要，产品定价较低，经认定该数控机床预计可收回金额为 60 万元，已发生减值。根据《企业会计准则》、公司财务制度的规定，对该项固定资产计提减值准备_____元。计提减值后，该设备原预计使用年限、预计净残值、折旧方法保持不变。

本决议符合《中华人民共和国公司法》的规定。

出席会议的董事签名：张 青   王 达   何 京   俞 阳

2011 年 12 月 28 日

凭证 4-3 $\frac{2}{2}$ **固定资产减值准备提取计算表**

2011 年 12 月 28 日   单位：元

固定资产名称	账面原价	累计折旧	账面净值	预计可收回金额	应计提减值准备
合　计	0				

会计：李美娟   复核：赵 亮   制表：李美娟

4）2011 年 12 月 31 日，北星新兴材料有限责任公司因为锻压生产线生产效率较低，决定委托四川省设备研究二十所对锻压生产线进行技术改造。该锻压生产线于 2007 年 12 月购入，账面原值 200 万元，残值按原值的 3% 计算，预计使用年限 10 年（原始凭证见凭证 4-4）。

凭证 4-4   **北星新兴材料有限责任公司六届十一次董事会决议**

北星新兴材料有限责任公司于 2011 年 12 月 31 日在公司会议室召开董事会会议。应参加董事会为 4 人，实际参加会议董事 4 人，符合公司章程规定，会议有效。会议审议通过了以下决议：

1. 公司于 2007 年 12 月购入的锻压生产线账面原值_____元，累计折旧_____元，净值_____元，未计提过减值准备。由于该生产线生产效率较低，经研究决定委托四川省设备研究二十所对锻压生产线进行技术改造。自即日起，该锻压生产线停止使用。

2. ……

本决议符合《中华人民共和国公司法》的规定。

出席会议的董事签名：张 青   王 达   何 京   俞 阳

2011 年 12 月 31 日

5）2011 年 12 月 30 日，北星新兴材料有限责任公司与四川省设备研究二十所签订了技术改造合同，合同总价款为 30 万元，于委托日预付 50% 的技术改造款，余款在技术改造工程验收合格后支付（原始凭证见凭证 4-5 $\frac{1}{2}$ 和凭证 4-5 $\frac{2}{2}$）。

凭证4-5 $\frac{1}{2}$

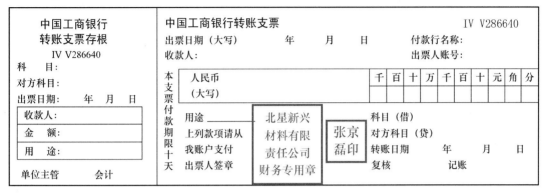

6）2012 年 4 月 10 日，锻压生产线技术改造工程完工并验收合格，预计尚可使用年限 8 年，预计净残值率 3%（原始凭证见凭证 4-6）。

7）2012 年 4 月 10 日，北星新兴材料有限责任公司签发转账支票向四川省设备研究二十所支付剩余 50% 技术改造工程款（原始凭证见凭证 4-7 $\frac{1}{2}$ 和凭证 4-7 $\frac{2}{2}$）。

凭证4-6

工程验收单

甲方：北星新兴材料有限责任公司
乙方：四川省设备研究二十所

2012年04月10日

序号	验收项目名称	验收结果
1	锻压生产线技术改造	合格
	整体工程验收结果	☆

经生产测试，产品达到有关合同约定的技术要求。

甲方代表：王 鸿　　　　　　　　　　　　　　乙方代表：余 天

凭证4-7$\frac{1}{2}$

中国工商银行转账支票

中国工商银行 转账支票存根	中国工商银行转账支票									IV V282238			

IV V286640

中国工商银行 转账支票存根 IV V286640	出票日期(大写) 年 月 日 付款行名称:

科　　目：
对方科目：
出票日期：　年　月　日

收款人:	
金　额:	
用　途:	

单位主管　　会计

中国工商银行转账支票

出票日期(大写)　　年　　月　　日　　　　付款行名称:

收款人:　　　　　　　　　　　　　　　出票人账号:

人民币 (大写)	千	百	十	万	千	百	十	元	角	分

本支票付款期限十天

用途_____

上列款项请从我账户支付

出票人签章

[北星新兴材料有限责任公司财务专用章]

[张京磊印]

科目(借)

对方科目(贷)

转账日期　年　　月　　日

复核　　　　记账

凭证4-7$\frac{2}{2}$

四川省事业单位收款收据

2012年04月10日

NO.0312058

今收到	北星新兴材料有限责任公司
人民币	￥150 000.00
系　付	生产线技术改造款

[四川省设备研究二大所 财务专用章]

单位盖章:　　　　　　　　会计 [戴明]　　出纳　　　　　　经手人 [陈芸]

8) 2012 年 5 月 1 日，北星新兴材料有限责任公司将一台闲置的生产设备出租，月租金 5 000 元（原始凭证见凭证 4-8 $\frac{1}{2}$ 和凭证 4-8 $\frac{2}{2}$）。

凭证4-8$\frac{1}{2}$

四川省成都市地方税务局通用手工发票

[全国统一发票监制章 四川省成都市地方税务局监制]

发票代码 168011072003
发票号码 08169217

付款单位：赛斯特科技有限责任公司

验证码 36287836

项　目　内　容		金　　额						备　注	第
		千	百	十	元	角	分		一
租金	[北星新兴	5	0	0	0	0	0		联
	材料有限								发
	责任公司								票
合计人民币 (大写)　伍仟元整	财务专用章]	5	0	0	0	0	0		联

收款单位名称：北星新兴材料有限责任公司
收款单位税号：510002356179846

开票人： [张民]

凭证4-8 $\frac{2}{2}$

中国工商银行进账单（收账通知）

进账日期：2012年02月01日　　　　　　　　№ 056810

收款人	全　称	北星新兴材料有限责任公司	付款人	全　称	赛特科技有限责任公司										
	账　号	73200260004619		账　号	51221100619023										
	开户银行	工商银行成都高新西区支行		开户银行	工商银行成都高新西区支行										

人民币（大写）伍仟元整	千	百	十	万	千	百	十	元	角	分
					￥	5	0	0	0	0

票据种类		收款人开户银行盖章

9）2012 年 11 月 2 日，北星新兴材料有限责任公司的一台运输车辆因交通事故而毁损，报经管理当局批准予以清理。账面原价为 12 万元，累计折旧 7 万元。以存款支付各种清理费用 0.2 万元，汽车残体出售收入 0.6 万元存入银行。北星新兴材料有限责任公司公司决定由肇事司机王某赔偿 0.8 万元，赔款项从该司机每月工资中扣还。与保险公司协商，保险公司同意理赔 3.1 万元，款项收到（原始凭证见凭证 4-9 $\frac{1}{7}$ ～凭证 4-9 $\frac{7}{7}$）。

凭证 4-9 $\frac{1}{7}$

固定资产报废单

2012 年 11 月 03 日

固定资产名称及编号	规格型号	单位	数量	预计使用年限	已使用年限	原始价值	已提折旧	备注
货车		辆	1	10	5	120 000.00	70 000.00	
固定资产状况及报废原因	交通事故毁损报废							
处理意见	使用部门		技术鉴定小组		固定资产管理部门		总经理审批	
	无法使用		情况属实		同意转入清理		同意	

凭证4-9 $\frac{2}{7}$

四川省收购统一发票
发票联

发票代码：25506902102
发票号码：2509330

开票日期：2012年11月05日

投售人签字	北星新兴材料有限责任公司			身份证号			
地址	成都市高新西区蜀兴路28号028-87653218						
品名	规格型号	单位	数量	单价	金额	备注	
废料					6 000.00		
合计					￥6 000.00		
价税合计（大写）	⊗　陆仟元整				（小写）￥6 000.00		
收购单位	名称	成都市绿色废品回收有限责任公司		税务登记号	220001666321200		
	地址、电话	成都市犀浦100号		开户行及账号	工行犀浦支行 56080601223		

收款人：李艺　　　　　　开票人：王含　　　　　　收购单位：（未盖章无效）

凭证4-9 $\frac{3}{7}$

中国工商银行进账单（收账通知）

进账日期：　2012 年11月05日　　　　　　　　　　№ 058920

收款人	全　称	北星新兴材料有限责任公司	付款人	全　称	成都市绿色废品回收有限责任公司
	账　号	7320012600046l9		账　号	56080601223
	开户银行	工商银行成都高新西区支行		开户银行	工商银行犀浦支行

人民币（大写）：陆仟元整	千	百	十	万	千	百	十	元	角	分
转讫					￥	6	0	0	0	0	0

票据种类		收款人开户银行盖章

凭证4-9 $\frac{4}{7}$

中国工商银行转账支票

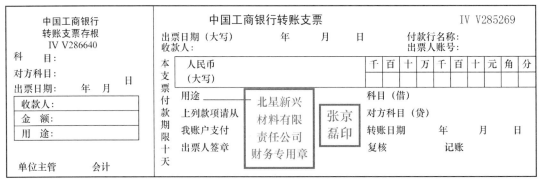

凭证4-9 $\frac{5}{7}$

中国太平洋保险股份有限公司

理赔批单

北星新兴材料有限责任公司

　　根据2012112305赔案号，理赔已结案，现责任批改如下：

保单号	保险责任	理赔金额
511026A	财产保险	31 000.00
合计		31 000.00

中国太平洋保险股份有限公司成都分公司

2012年11月09日

凭证4-9 $\frac{6}{7}$

中国工商银行进账单（收账通知）

进账日期：　2012 年11月09日　　　　　　　　　　№ 058926

凭证 4-9 $\frac{7}{7}$

固定资产清理损益计算表

2012 年 11 月 10 日

清理项目	货运车辆	清理原因	交通事故毁损
固定资产清理借方发生额		固定资产清理贷方发生额	
清理支出内容	金额	清理收入内容	金额
固定资产净值		残料变价收入	
		保险公司赔偿	
借方合计		贷方合计	
固定资产清理　净收益 金额：人民币 ＿＿＿＿＿＿ 净损失			

会计：李美娟　　　　　复核：赵　亮　　　　　制表：李美娟

10）2012 年 12 月 28 日，北星新兴材料有限责任公司遭受水灾，数控机床毁损严重，公司决定进行处置，取得残料变价收入 2 万元，保险公司赔偿 36 万元，款项均以银行存款收到，不考虑其他相关税费（原始凭证见凭证 4-10 $\frac{1}{6}$～凭证 4-10 $\frac{6}{6}$）。

凭证 4-10 $\frac{1}{6}$

固定资产报废单

2012 年 12 月 30 日

固定资产名称及编号	规格型号	单位	数量	预计使用年限	已使用年限	原始价值	已提折旧	备注
数控机床								
固定资产状况及报废原因	该数控机床在 2012 年 12 月遭受水灾，受到严重毁损，不能正常使用，无维修价值，申请报废。							
处理意见	使用部门		技术鉴定小组		固定资产管理部门		总经理审批	
	无法使用		情况属实		同意报废		同意	

凭证4-10 $\frac{2}{6}$

四川省收购统一发票

发票联

地方税务局监制

开票日期： 2012年12月30日

发票代码：25506903202
发票号码：2509430

投售人签字	北星新兴材料有限责任公司			身份证号			
地址	成都市高新西区蜀兴路28号028-87653218						
品名	规格型号	单位	数量	单价	金额	备注	
废料					20 000.00		
合计					￥20 000.00		
价税合计（大写）	⊗ 贰万元整				（小写）￥20 000.00		
收购单位	名称	成都市绿色废品回收有限责任公司		税务登记号	220001666321200		
	地址、电话	成都市犀浦100号		开户行及账号	工行犀浦支行 56080601223		

收款人： 李艺　　　　开票人： 王含　　　　收购单位：（未盖章无效）

（发票专用章 62522000452）

第二联 发票联

凭证4-10 $\frac{3}{6}$

中国工商银行进账单（收账通知）

进账日期： 2012 年12月30日　　　　　№ 058986

收款人	全　称	北星新兴材料有限责任公司	付款人	全　称	成都市绿色废品回收有限责任公司
	账　号	73200126000?619		账　号	56080601223
	开户银行	工商银行成都高新西区支行		开户银行	工商银行犀浦支行

人民币（大写）：贰万元整	千	百	十	万	千	百	十	元	角	分
			￥	2	0	0	0	0	0	0

（工商银行成都高新西区 2012.12.30 转讫）

票据种类	收款人开户银行盖章

凭证4-10 $\frac{4}{6}$

中国太平洋保险股份有限公司理赔批单

北星新兴材料有限责任公司

根据2012112305赔案号，理赔已结案，现责任批改如下：

保单号	保险责任	理赔金额
511029A	财产保险	360 000.00
合计		￥360 000.00

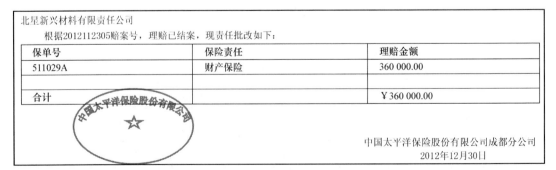

中国太平洋保险股份有限公司成都分公司
2012年12月30日

凭证4-10 $\frac{5}{6}$

中国工商银行进账单（收账通知）

进账日期：2012年12月30日　　　　　　　　　　　　　　　　　№ 058987

收款人	全称	北京新兴材料有限责任公司	付款人	全称	中国太平洋保险股份有限公司
	账号	73200126000461		账号	21680607799
	开户银行	工商银行成都高新四区支行		开户银行	工商银行锦江支行

人民币（大写）：叁拾陆万元整

	千	百	十	万	千	百	十	元	角	分
		¥	3	6	0	0	0	0	0	0

票据种类		收款人开户银行盖章

凭证 4-10 $\frac{6}{6}$

固定资产清理损益计算表

2012 年 12 月 30 日

清理项目	数控机床	清理原因	水灾毁损，报废
固定资产清理借方发生额		固定资产清理贷方发生额	
清理支出内容	金额	清理收入内容	金额
固定资产净值		残料变价收入	
		保险公司赔偿	
借方合计		贷方合计	
固定资产清理	净收益 金额：人民币＿＿＿＿＿＿ 净损失		

会计：李美娟　　　　复核：赵亮　　　　制表：李美娟

11）2012 年 12 月 31 日，计提固定资产折旧（原始凭证见凭证 4-11）。

凭证 4-11　　　　　　　　　**固定资产折旧提取计算表**

使用部门	固定资产类别	月初应计提折旧固定资产原值	月折旧率/%	月折旧额
一车间	房屋及建筑物	800 000	0.2	
	机器设备	400 000	0.5	
二车间	房屋及建筑物	500 000	0.2	
	机器设备	100 000	0.5	
管理部门	房屋及建筑物	100 000	0.2	
	机器设备	200 000	0.5	
销售部	房屋及建筑物	100 000	0.2	
	机器设备	10 000	0.5	
合计				

会计：李美娟　　　　复核：赵亮　　　　制表：李美娟

（二）无形资产业务实训

1）2010 年 1 月 18 日，从四川省设备研究二十所购入一项专利权，以存款支付买价计 60 万元。预计该项专利权在未来的 10 年内受法律保护并为本公司带来经济利益。北星新兴材料有限责任公司决定按 10 年摊销期在每年年末予以摊销，摊销采用直线法（原始凭证见凭证 4-1 $\frac{1}{2}$（2）和凭证 4-1 $\frac{2}{2}$（2））。

凭证4-1 $\frac{1}{2}$（2）

四川省成都市转让无形资产专用发票
发票联

发票代码：628069042102
发票号码：6809220

开票日期：2010年01月18日

付款户名	北星新兴材料有限责任公司				付款方式		转账支票							
合同登记号	转让合同类别	项目名称	单位	数量	单价		金额							
科技合字（2012034）号	专利权转让合同	防水材料生产专利	项	1	600 000.00	十	万	千	百	十	元	角	分
						6	0	0	0	0	0	0	0	0
合计人民币（大写）	陆拾万元整						¥600 000.00							

凭证4-1 $\frac{2}{2}$（2）

中国工商银行转账支票

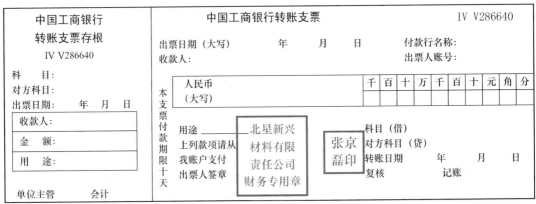

2）2011 年 3 月 11 日，北星新兴材料有限责任公司将该防腐专利权的使用权转让给赛特科技有限责任公司，转让期为 3 年，在转让时一次性收取转让费 72 000 元，以后不再另外收取转让费（原始凭证见凭证 4-2 $\frac{1}{2}$（2）和凭证 4-2 $\frac{2}{2}$（2））。

凭证4-2$\frac{1}{2}$(2)

四川省成都市转让无形资产专用发票

发票联

发票代码：628069043001

发票号码：6809320

开票日期：2011年03月11日

付款户名	赛特科技有限责任公司			付款方式		转账支票							
合同登记号	转让合同类别	项目名称	单位	数量	单价	金额							
科技合字(2015062)号	专有技术转让合同	防腐专有技术	项	1	72 000.00	十	万	千	百	十	元	角	分
							7	2	0	0	0	0	0
合计人民币（大写）	柒万贰仟元整					￥72 000.00							

凭证4-2$\frac{2}{2}$(2)

中国工商银行进账单（收账通知）

进账日期：2011 年03月11日　　　　　　　　　　№ 056920

收款人	全　称	北星新兴材料有限责任公司	付款人	全　称	赛特科技有限责任公司									
	账号	732001260004619		账号	51221100619023									
	开户银行	工商银行成都高新西区支行		开户银行	工商银行成都高新西区支行									
人民币（大写）：柒万贰仟元整						千	百	十	万	千	百	十	元	角	分
								￥	7	2	0	0	0	0	0
票据种类			收款人开户银行盖章											

3）2011 年 12 月 31 日，无形资产摊销（原始凭证见凭证 4-3(2)）。

凭证 4-3(2)

无形资产摊销计算表

2011 年 12 月 31 日

项目	使用部门	原值/万元	预计使用年限/年	月摊销额
防水材料专利	生产部门	60	10	
防腐专有技术	生产部门	40	10	
土地使用权	生产部门	150	50	
土地使用权	生产部门	120	50	
金蝶财务软件	管理部门	5	5	

会计：李美娟　　　　　复核：赵亮　　　　　制表：李美娟

4）2011 年 12 月 31 日，北星新兴材料有限责任公司对无形资产进行减值测试，防水材料专利的预计未来现金流量现值是 50 万元，公允价值减去处置费用后的净额为 52 万元，减值测试后该项资产的使用年限不变。其他无形资产不存在减值迹象（原始凭证见凭证 4-4 $\frac{1}{2}$(2)和凭证 4-4 $\frac{2}{2}$(2)）。

凭证 4-4 $\frac{1}{2}$ (2)　　　　　**北星新兴材料有限责任公司六届十一次董事会决议**

北星新兴材料有限责任公司于 2011 年 12 月 31 日在公司会议室召开董事会会议。应参加董事会为 4 人，实际参加会议董事 4 人，符合公司章程规定，会议有效。会议审议通过了以下决议：

　　1.……

　　2. 2010 年 1 月 18 日购入的防水材料专利权，截至 2011 年 12 月 31 日，账面价值为＿＿＿＿＿万元。由于新技术的产生，该专利权预计未来现金流量降低为 50 万元，预计 2011 年 12 月 31 日的公允价值减去处置费用后的净额为 52 万元，其可收回金额为＿＿＿＿＿万元。账面价值小于可收回金额，该项专利权已发生减值。根据《企业会计准则》，按账面价值和可收回金额的差额计提减值准备＿＿＿＿＿万元。

本决议符合《中华人民共和国公司法》的规定。

出席会议的董事签名：　张 青　　王 达　　何 京　　俞 阳

2011 年 12 月 31 日

凭证 4-4 $\frac{2}{2}$ (2)　　　　　**无形资产减值计算表**

2011 年 12 月 31 日

项目	无形资产原值	累计摊销	已提减值准备	预计可收回金额	计提减值准备
合计					

会计：李美娟　　　　　复核：赵 亮　　　　　制表：李美娟

　　5）2012 年 3 月 1 日，北星新兴材料有限责任公司将防水材料专利对外出售给博宇有限责任公司，取得价款 26 万元并收存银行（原始凭证见凭证 4-5 $\frac{1}{2}$ (2) 和凭证 4-5 $\frac{2}{2}$ (2)）。

凭证 4-5 $\frac{1}{2}$ (2)　　　　　**四川省成都市转让无形资产专用发票**

发票联

发票代码：628069043020
发票号码：6809330

开票日期：2012 年 03 月 01 日

付款户名	北星新兴材料有限责任公司		付款方式		转账支票							
合同登记号	转让合同类别	项目名称	单位	数量	单价	金额						
						十	万	千	百	十	元	角	分
科技合字(2012034) 号	专利权转让合同	防水材料生产专利	项	1	260 000.00	2	6	0	0	0	0	0	0
合计人民币（大写）	贰拾陆万元整					￥260 000.00						

凭证 4-5 $\frac{2}{2}$ (2)　　　　　**中国工商银行进账单（收账通知）**

进账日期：2012 年 03 月 01 日　　　　　№.056930

收款人	全 称	北星新兴材料有限责任公司	全 称	博瑞有限责任公司									
	账 号	732001260004619	账 号	412661260005208									
	开户银行	工商银行成都高新西区支行	开户银行	工商银行成都金牛支行									
人民币（大写）：贰拾陆万元整					千	百	十	万	千	百	十	元	角	分
						￥	2	6	0	0	0	0	0	0
票据种类			收款人开户银行盖章										

项目5 职工薪酬核算岗位实训

一、实训目标

1）明确职工薪酬的内容。
2）掌握应付职工薪酬的确认方法。
3）熟悉货币性职工薪酬和非货币性职工薪酬的核算方法。
4）会正确填写职工薪酬相关原始凭证，能根据原始单据正确分析相关薪酬经济业务。
5）会根据应付职工薪酬的分配、支付、结转等业务编制记账凭证，并登记相关账簿。
6）能运用相关知识解决企业财务活动中遇到的职工薪酬问题。

二、实训要求

1）设置应付职工薪酬总账、明细账，并登记期初余额。
2）正确填写职工薪酬相关原始凭证，并根据原始凭证分析经济业务。
3）根据具体业务编制记账凭证。
4）根据记账凭证登记应付职工薪酬相关总账、明细账。
5）对应付职工薪酬总账、明细账进行期末对账、结账处理。

三、操作准备

1）《企业会计准则——职工薪酬》、《会计基础工作规范》、《企业内部控制》。
2）经济业务的原始凭证、空白记账凭证、三栏式明细账、三栏式总账。
3）工资结算单、工资结算汇总表、工资及福利费用分配表、工会经费、职工教育经费分配表等各类表单。

四、操作流程

应付职工薪酬业务操作流程见图5-1。

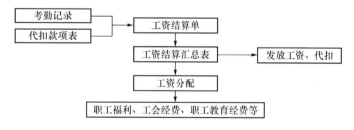

图5-1 应付职工薪酬业务操作流程

五、实训资料

北星新兴材料有限责任公司应付职工薪酬下设工资、职工福利、工会经费、职工教育经费、社会保险费、公积金等会计科目，职工工会经费和职工教育经费分别按照全员工资总额的2％和2.5％来计提。2011年12月应付职工薪酬总账及明细账期初余额见表5-1。

表5-1　应付职工薪酬总账及明细账户期初余额表

单位：元

账户代码	账户名称（总账）	账户名称（明细账户）	借方余额	贷方余额
2501	应付职工薪酬			55 500.45
		工资		10 527.00
		职工福利		15 623.12
		工会经费		22 554.00
		职工教育经费		6 005.78
		社会保险费		238.55
		公积金		552.00

北星新兴材料有限责任公司 2011 年 12 月发生的与应付职工薪酬相关经济业务如下。

1）12 月 18 日，公司外购 20 部品牌手机作为春节福利发给公司管理人员，每部买价 2 000 元、增值税税额 340 元，开出转账支票支付款项（原始凭证见凭证 5-1 $\frac{1}{3}$～凭证 5-1 $\frac{3}{3}$）。

凭证 5-1 $\frac{1}{3}$

四川省增值税专用发票

（统一发票收购……

税务局监制

发票联

№ 0052416

2800092533

开票日期：2011年12月18日

第二联 发票联 购货方记账凭证

| 购货单位 | 名　称：北星新兴材料有限责任公司
纳税人识别号：510002356179846
地址、电话：成都市蜀兴路28号 028-87653218
开户行及账号：工行成都高新西区支行 58062203691 | 密码区 | （略） |

货物或应税劳务名称	规格型号	单位	数量	单价	金额	税率	税额
手机		部	20	2 000	40 000.00	17%	6 800.00

| 价税合计（大写） | 人民币肆万陆仟捌佰元整 | | ￥ 46 800.00 |

| 销货单位 | 名　称：国美电器有限公司
纳税人识别号：510001002501230
地址、电话：成都市总府路45号 028-87653211
开户行及账号：建行总府路分行 6002540 0625 | 备注 | 国美电器有限公司
本票支付
6500125000052
发票专用章 |

收款人：　　复核：　　开票人：陈诗雨　　销货单位：（章）

凭证 5-1 $\frac{2}{3}$

中国工商银行转账支票

中国工商银行 转账支票存根 支票号码 I V0287723 附加信息 出票日期：　年　月　日		本支票付款期限十天	中国工商银行转账支票 出票日期（大写）　年　月　日 收款人：		地方	支票号码 I V0287723 付款行名称： 出票人账号：											
收款人：			人民币 （大写）				千	百	十	万	千	百	十	元	角	分
金　额：																
用　途：																
			用途： 上列款项请从 我账户内支付 出票人签章	北星新兴 材料有限 责任公司 财务专用章		张京 磊印										
单位主管　　会计						复核　　　记账										

凭证 5-1 $\frac{3}{3}$

非货币性福利发放表

2011 年 12 月 18 日

姓　名	领用物品	领用数量	领用人签字	备　注
袁　进	手机	1	袁　进	
楚　轼	手机	1	楚　轼	
……	……		……	
合　计		20		

会计主管：李美娟　　　　　复核：赵　亮　　　　　制表：王婷靓

2）12 月 25 日，根据工资结算汇总表以银行存款发放 12 月员工工资，并按规定代扣相关款项（原始凭证见凭证 5-2 $\frac{1}{2}$ 和凭证 5-2 $\frac{2}{2}$）。

凭证 5-2 $\frac{1}{2}$

工资结算汇总表

2011 年 12 月

车间、部门		基本工资	奖金	津贴	应付工资	代扣款项			实发工资
						社会保险费	公积金	个人所得税	
乙炔车间	生产工人	50 000	6 500	1 000	57 500	7 420	4 833	653	44 594
	管理人员	4 700	2 300	980	7 980	780	500	150	6 550
合成车间	生产工人	87 000	16 000	1 000	104 000	12 050	7 511	755	83 684
	管理人员	6 900	3 100	580	10 580	956	552	320	8 752
聚合车间	生产工人	79 690	12 800	4 500	96 990	8 523	5 026	500	82 941
	管理人员	6 200	2 750	1 000	9 950	958	595	200	8 197
专设销售机构		26 000	12 050	850	38 900	3 556	1 954	525	32 865
建造厂房工人		22 050	1 200	650	23 900	2 055	1 615	102	20 128
行政部门		58 700	12 600	955	72 255	7 521	4 830	325	59 579
合　计		341 240	69 300	11 515	422 055	43 819	27 416	3 530	347 290

会计主管：李美娟　　　　　复核：赵　亮　　　　　出纳：王婷靓

凭证 5-2 $\frac{2}{2}$

中国工商银行转账支票

中国工商银行
转账支票存根

支票号码　IV 0287644

附加信息

出票日期：2011 年 12 月 25 日

| 收款人：北星新兴材料有限责任公司 |
| 金　额：￥347 290.00 |
| 用　途：发工资 |

单位主管　　　会计

3）12 月 26 日，向公积金管理机构上交住房公积金 54 832 元，其中个人负担部分为 27 416元（原始凭证见凭证 5-3）。

凭证 5-3　　　　　　　　　**中国工商银行转账支票**

中国工商银行
转账支票存根

支票号码　IV 0287645

附加信息

出票日期：2011 年 12 月 26 日

| 收款人：成都市住房公积金管理中心 |
| 金　额：￥54 832.00 |
| 用　途：缴纳公积金 |

单位主管　　　会计

4）12 月 26 日，向成都市社保局交纳社会保险费 134 291.8 元，其中个人负担部分为 43 819 元（原始凭证见凭证 5-4）。

凭证 5-4　　　　　　　　　**中国工商银行转账支票**

中国工商银行
转账支票存根

支票号码　IV 0287646

附加信息

出票日期：2011 年 12 月 26 日

| 收款人：成都市社会保障局 |
| 金　额：￥134 291.80 |
| 用　途：缴纳社会保险金 |

单位主管　　　会计

5）12 月 26 日，向成都市地税局代交个人所得税 3 530 元（原始凭证见凭证 5-5）。

凭证 5-5　　　　　　　　　　　　**中国工商银行转账支票**

中国工商银行
转账支票存根

支票号码　Ⅳ 0287647

附加信息

出票日期：2011 年 12 月 26 日

收款人：成都市地税局	
金　额：￥3 530.00	
用　途：缴个税	

单位主管　　　　会计

6）12 月 31 日，根据工资分配表分配本月工资。生产人员工资 258 490 元；生产管理人员工资 28 510 元；公司管理人员工资 72 255 元；专设销售机构人员工资 38 900 元；建造厂房人员工资 23 900 元（原始凭证见凭证 5-6）。

凭证 5-6　　　　　　　　　　　　**工资分配表**

2011 年 12 月

项　目		定额工时	工资费用	
			分配率	分配额
环保给水管		1 800	80.78	145 404
PVC 地板		800	80.78	64 624
PVC 软板		600	80.78	48 462
合　计		3 200		258 490
制造费用	乙炔车间			7 980
	合成车间			10 580
	聚合车间			9 950
专设销售机构				38 900
建造厂房工人				23 900
行政部门				72 255
合　计				422 055

会计主管：李美娟　　　　　　复核：赵 亮　　　　　　制表：王婷靓

7）12 月 31 日，分配按照核定的工资总额基数计提的社会保险费及住房公积金（原始凭证见凭证 5-7）。

凭证 5-7

社会保险费及住房公积金计提分配表

2011 年 12 月 31 日　　　　　　　　　　　　单位：元

项　　目		社会保险费	住房公积金
环保给水管		31 169.20	9 445.21
PVC 地板		13 853.00	4 197.87
PVC 软板		10 388.40	3 148.01
合　计		55 410.60	1 6791.10
制造费用	乙炔车间	1 710.61	518.37
	合成车间	2 267.96	687.26
	聚合车间	2 132.91	646.34
专设销售机构		8 338.70	2 526.88
建造厂房工人		5 123.27	1 552.50
行政部门		15 488.80	4 693.57
合　计		90 472.80	27 416.00

会计主管：李美娟　　　　　复核：赵亮　　　　　制表：王婷靓

8）12 月 31 日，按公司规定计提工会经费和职工教育经费（原始凭证见凭证 5-8）。

凭证 5-8

工会经费及职工教育经费提取计算表

2011 年 12 月 31 日　　　　　　　　　　　　单位：元

计提基数	工会经费		职工教育经费	
	计提比例/%	应提金额	计提比例/%	应提金额
422 055	2	8 441.1	2.5	10 551.38

会计主管：李美娟　　　　　复核：赵亮　　　　　制表：王婷靓

9）12 月 31 日，以支票上交工会经费 8 441.1 元（原始凭证见凭证 5-9 $\frac{1}{2}$ 和凭证 5-9 $\frac{2}{2}$）。

凭证 5-9 $\frac{1}{2}$

中国工商银行转账支票

中国工商银行
转账支票存根

支票号码　IV 0287648

附加信息

出票日期：2011 年 12 月 31 日

收款人：成都市总工会
金　额：¥8 441.10
用　途：缴工会经费

单位主管　　　　会计

凭证5-9 $\frac{2}{2}$

成都市事业单位收款收据

2011年12月31日   № 0312042

今收到	北星新兴材料有限责任公司
人民币	￥8 441.10
系 付	工会经费

单位盖章：   会计： 张 芸   出纳：   经手人： 程 方

10）12 月 31 日，以支票支付职工管理及技术培训费用 10 000 元（原始凭证见凭证 5-10 $\frac{1}{2}$ 和凭证 5-10 $\frac{2}{2}$）。

凭证 5-10 $\frac{1}{2}$

中国工商银行转账支票

中国工商银行
转账支票存根

支票号码   IV 0287649

附加信息

出票日期：2011 年 12 月 31 日

收款人：用友股份成都分公司
金 额：￥10 000.00
用 途：培训费

单位主管   会计

凭证5-10 $\frac{2}{2}$

四川省成都市地方税务局通用发票

发票联

№ 0247819

2011年12月31日   验证码：98355484

付款单位	北星新兴材料有限责任公司	地址	成都市高新西区蜀兴路28号	金			额			
项目内容				十	万	千	百	十 元	角	分
FRP管理及技术项目培训费				Y	1	0	0	0 0	0	0
合计（大写）	人民币壹万元整			Y	1	0	0	0 0	0	0

收款人：   复核：   开票人： 吴 玉   单位盖章：

11）12 月 31 日，对免费提供给企业高管使用的 6 套住房计提折旧，每套房屋的月折旧额按公司的折旧政策计算确定为 1 800 元（原始凭证见凭证 5-11）。

凭证 5-11

固定资产折旧提取计算表

单位：元

使用部门	固定资产类别	固定资产原值	月折旧额
管理部门	房屋及建筑物	1 200 000	10 800
合　计			10 800

会计主管：李美娟　　　　复核：赵　亮　　　　制表：王婷靓

12）12 月 31 日，公司因与 5 名员工解除劳动关系而给予每人 10 000 元的补偿，款项已通过现金支付（原始凭证见凭证 5-12）。

凭证 5-12

辞退福利领取表

2011 年 12 月 31 日

单位：元

姓名	金额	领用人签字	备注
陈刚	10 000.00	陈刚	
魏海星	10 000.00	魏海星	
许洋	10 000.00	许洋	
杨清	10 000.00	杨清	
李丹丹	10 000.00	李丹丹	
合计	50 000.00	合计	

会计主管：李美娟　　　　复核：赵　亮　　　　制表：王婷靓

项目6　资金核算岗位实训

一、投资业务实训

(一) 交易性金融资产实训

1. 实训目标

1) 掌握交易性金融资产取得时的核算。

2) 掌握交易性金融资产持有期间取得的现金股利、利息的账务处理。

3) 掌握资产负债表日交易性金融资产公允价值变动的账务处理。

4) 掌握交易性金融资产处置时的核算。

2. 实训要求

1) 根据实训资料，填制相关空白原始凭证。

2) 根据实训资料，编制记账凭证。

3) 根据实训资料，开设并登记交易性金融资产的相关账簿。

3. 操作准备

1) 熟悉《企业会计准则——金融工具确认和计量》及金融资产核算的岗位职责。

2) 会计实训室，企业基本情况，经济业务的原始凭证。

3) 通用记账凭证或收付转专用记账凭证，总账及明细账。

4. 操作流程

资金核算操作流程见图 6-1。

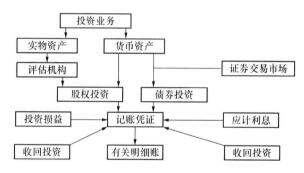

图 6-1　资金核算操作流程

5. 实训资料

北星新兴材料有限责任公司在华融证券开设了资金账户，委托华融证券买卖股票。股票交易税费包括印花税、佣金、过户费。印花税为成交金额的 0.1%，证券公司佣金按成交金额的 0.2%（最低 5 元）提取，过户费为成交金额的 0.1%（最低 1 元），委托费为每笔 5 元。为了简化核算，公司在每年 6 月 30 日和 12 月 31 日对交易性金融资产的公允价值进行调整。2012 年，北星新兴材料有限责任公司交易性金融资产有关业务如下。

1) 2 月 1 日，从工商银行基本户中向证券资金账户划入 50 万元（原始凭证见凭证 6-1）。

凭证6-1

中国工商银行银证转账回单

日期：2012年02月01日

客户名称	北星新兴材料有限责任公司	证券公司名称	华融证券有限责任公司	券商代码	6220088
开户银行	工商银行成都高新西区支行	证券公司营业部	华融证券骒马营业部	证券机构号	2029
注册账户	732001260004619	证券资金账号		2200560816	
银行结算账户余额	￥100 000.00		转讫		
转账金额	￥500 000.00				
转账大写金额	人民币伍拾万元整				

2）2月1日，购入泸州老窖股票10 000股，并准备随时变现，每股买价20元，同时支付相关税费445元（原始凭证见凭证6-2）。

凭证6-2

成交过户交割单

01/02/12 华融证券骒马营业部	成交过户交割凭单	证券买入
股东号码： A620245	证券名称：	泸州老窖（000568）
公司代码： 206079	成交数量：	10 000
委托序号： 120334	成交价格：	20.00
申报时间： 110620	成交金额：	200 000.00
成交时间： 111328	标准佣金：	400.00
	印花税：	0.00
	过户费：	40.00
	委托费：	5.00
	实付金额：	200 445.00
上次股票余额：0	本次股票余额：	10 000
	当日资金余额：	299 555.00

3）6月20日，泸州老窖宣告发放现金股利，每股派1.8元现金股利（税后）（原始凭证见凭证6-3）。

凭证6-3

泸州老窖股份有限公司2012年度股东大会决议公告

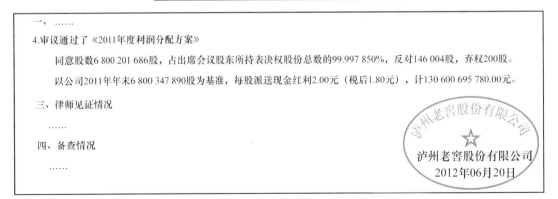

一、……

4.审议通过了《2011年度利润分配方案》

同意股数6 800 201 686股，占出席会议股东所持表决权股份总数的99.997 850%，反对146 004股，弃权200股。

以公司2011年年末6 800 347 890股为基准，每股派送现金红利2.00元（税后1.80元），计130 600 695 780.00元。

三、律师见证情况

……

四、备查情况

……

泸州老窖股份有限公司

2012年06月20日

4）6月25日，购入泸州老窖股票5 000股，并准备随时变现，每股买价23.00元，每股含已宣告未发放的股利1.8元，同时支付相关税费225元（原始凭证见凭证6-4）。

凭证6-4

成交过户交割单

25/06/12	华融证券骤马营业部	成交过户交割凭单	证券买入
股东号码：	A620245	证券名称：	泸州老窖（000568）
公司代码：	206079	成交数量：	5 000
委托序号：	120334	成交价格：	23.00
申报时间：	110620	成交金额：	115 000.00
成交时间：	111328	标准佣金：	200.00
		印花税：	0.00
		过户费：	20.00
		委托费：	5.00
		实付金额：	115 225.00
		本次股票余额：	15 000
上次股票余额：	10 000	当日资金余额：	184 330.00

　　5）6 月 30 日，泸州老窖收盘价 20.20 元（原始凭证见凭证 6-5）。

凭证 6-5　　　　　　　　　　　　　　**公允价值变动损益计算表**

2012 年 6 月 30 日　　　　　　　　　　　　　　单位：元

交易性金融资产	数量	市场价格	账面价值	公允价值变动损益
泸州老窖				
合计				

会计：李美娟　　　　　复核：赵 亮　　　　　制表：李美娟

　　6）8 月 20 日，收到泸州老窖的现金股利（原始凭证见凭证 6-6）。

凭证6-6　　　　　　　　　　　　　　**成交过户交割单**

25/06/12	华融证券骤马营业部	成交过户交割凭单	红利入账
股东号码：	A620245	证券名称：	泸州老窖（000568）
公司代码：	206079	成交数量：	15 000
委托序号：	120334	成交价格：	1.80
申报时间：	110620	成交金额：	27 000.00
成交时间：	111328	标准佣金：	0.00
		印花税：	0.00
		过户费：	0.00
		委托费：	0.00
		实付金额：	27 000.00
		本次股票余额：	15 000
上次股票余额：	15 000	当日资金余额：	184 330.00

　　7）11 月 9 日，以每股 25 元的价格转让 10 000 股泸州老窖，同时支付相关税费 1 005 元（原始凭证见凭证 6-7）。

凭证6-7　　　　　　　　　　　　　　**成交过户交割单**

09/11/12	华融证券骤马营业部	成交过户交割凭单	证券卖出
股东号码：	A620245	证券名称：	泸州老窖（000568）
公司代码：	206079	成交数量：	10 000
委托序号：	120334	成交价格：	25.00
申报时间：	110620	成交金额：	25 000.00
成交时间：	111328	标准佣金：	500.00
		印花税：	250.00
		过户费：	250.00
		委托费：	5.00
		实收金额：	23 995.00
		本次股票余额：	5 000
上次股票余额：	15 000	当日资金余额：	208 325.00

8）12 月 31 日，泸州老窖收盘价每股 26 元（原始凭证见凭证 6-8）。

凭证 6-8

公允价值变动损益计算表

2012 年 12 月 31 日

交易性金融资产	数量	市场价格	账面价值	公允价值变动损益
泸州老窖				
合计				

会计：李美娟　　　　　复核：赵　亮　　　　　制表：李美娟

（二）长期股权投资实训

1. 实训目标

1）掌握长期股权投资取得的核算。

2）掌握长期股权投资下成本法、权益法的账务处理。

3）掌握长期股权投资发生减值的账务处理。

4）掌握长期股权投资的处置。

2. 实训要求

1）根据实训资料，填制相关空白原始凭证。

2）根据实训资料，编制记账凭证。

3）根据实训资料，开设并登记长期股权投资的相关账簿。

3. 操作准备

1）熟悉《企业会计准则——长期股权投资》及金融资产核算的岗位职责。

2）会计实训室，企业基本情况，经济业务的原始凭证。

3）通用记账凭证或收付转专用记账凭证，总账及明细账。

4. 操作流程

长期股权投资操作流程见图 6-1。

5. 实训资料

1）北星新兴材料有限责任公司和博兴材料有限责任公司同为四川化工集团的子公司，四川化工集团为了更加合理地整合集团资源，计划让北星新兴材料有限责任公司控股合并博兴材料有限责任公司。2011 年 1 月 1 日北星新兴材料有限责任公司以银行存款 3 000 万元取得博兴材料有限责任公司 100% 的股权，当日博兴材料有限责任公司所有者权益的账面价值为 4 000 万元$\left(\right.$原始凭证见凭证 6-1 $\frac{1}{2}$ (2) 和凭证 6-1 $\frac{2}{2}$ (2)$\left.\right)$。

凭证6-1 $\frac{1}{2}$ (2)　　　　　　　　　　　　股权转让协议

> 甲方：四川化工集团有限责任公司
>
> 乙方：北星新兴材料有限责任公司
>
> 　甲乙双方经过友好协商，就甲方持有的博兴材料有限责任公司股权转让给乙方持有的相关事宜，达成如下协议，以资信守。
>
> 　甲方将其所持的100%的博兴材料有限责任公司股权转让给乙方，转让价格为3 000万元，以货币资金方式支付。乙方于协议生效日支付全部转让款。
>
> 　股权转让协议在经甲方和乙方的临时股东大会批准后生效。乙方按照本协议约定支付股权转让对价，办理股权过户手续后即可获得股东身份。
>
> 　……
>
> 　本协议正本一式四份，立约人各执一份，公司存档一份，报工商机关备案登记一份。

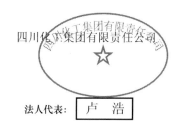　　　　　　　　　　　　　　　　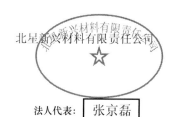

> 法人代表：　卢　浩　　　　　　　　　　　法人代表：　张京磊
>
> 　　　　　　　　　　　　　　　　　　　　　　　2011年1月1日

凭证6-1 $\frac{2}{2}$ (2)　　　　　　　　　　中国工商银行转账支票

中国工商银行 转账支票存根 IV V286640	中国工商银行转账支票		IV V210089
	出票日期（大写）　　年　　月　　日	付款行名称：	
科　　目：	收款人：	出票人账号：	
对方科目：			

中国工商银行转账支票存根部分：

科　目：
对方科目：
出票期：　年　月　日
收款人：
金　额：
用　途：

单位主管　　会计

中国工商银行转账支票部分：

本支票付款期限十天

人民币（大写）　　　千 百 十 万 千 百 十 元 角 分

用途＿＿＿
上列款项请从我账户支付
出票人签章

科目（借）　　　　　　　日
对方科目（贷）
转账日期　　年　　月
复核　　　记账

2) 2011年1月1日，北星新兴材料有限责任公司出资2 000万元，购入九江化工股份有限责任公司40%的股份，不考虑其他相关费用，当日九江化工股份有限责任公司所有者权益总额为4 500万元（与可辨认净资产公允价值一致）（原始凭证见凭证6-2 $\frac{1}{2}$ (2)和凭证6-2 $\frac{2}{2}$ (2)）。

凭证6-2 $\frac{1}{2}$(2)　　　　　　　　股权转让协议

甲方：九江纵横股份有限责任公司
乙方：北星新兴材料有限责任公司
　　甲乙双方经过友好协商，就甲方持有的九江化工股份有限责任公司股权转让给乙方持有的相关事宜，达成如下协议，以资信守。
　　甲方将其所持的40%的九江化工股份有限责任公司的股权转让给乙方，转让的价格为2 000万元，以货币资金方式支付。乙方于协议生效日，支付全部转让款。
　　股权转让协议在经甲方和乙方的临时股东大会批准后生效。乙方按照本协议约定支付股权转让对价，办理股权过户手续后即可获得股东身份。
　　本协议正本一式四份，立约人各执一份，公司存档一份，报工商机关备案登记一份。
　　……

九江纵横股份有限责任公司

北星新兴材料有限责任公司

法人代表：黄 建　　　　　　　　　　　　　　法人代表：张京磊

2011年1月1日

凭证6-2 $\frac{2}{2}$(2)　　　　　　　　中国工商银行转账支票

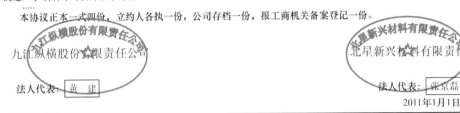

　　3) 2011年12月31日，博兴材料有限责任公司实现净利润400万元，九江化工股份有限责任公司实现净利润800万元（原始凭证见凭证6-3（2））。

凭证6-3(2)　　　　　　　　**长期股权投资损益调整计算表**

2011年12月31日

被投资公司	投资比例	会计期间	被投资单位净利润	损益调整金额
合计				

会计：李美娟　　　　　复核：赵 亮　　　　　制表：李美娟

　　4) 2012年4月1日，博兴材料有限责任公司宣告发放2011年度的现金股利，共计200万元（原始凭证见凭证6-4(2)）。

凭证 6-4(2)　　　　　　　　**博兴材料有限责任公司 2011 年度股东会决议**

```
┌──────────────────────────────────────────────────────────────┐
│   一、会议召开和出席情况                                        │
│   ……                                                           │
│   二、提案审议情况                                              │
│   ……                                                           │
│   1. 审议通过了《2011 年度利润分配方案》                         │
│   2011 年共实现净利润 400 万元，根据公司章程，按 10％计提法定盈余公积金，按 5％计提法定公益金，发放  │
│ 现金股利 200 万元，股东按持股比例享有。                          │
│   ……                                                           │
│                                                                │
│   股东（授权代表）签章（略）                                    │
│                                                  2012 年 04 月 01 日 │
└──────────────────────────────────────────────────────────────┘
```

5）2012 年 4 月 2 日，九江化工股份有限责任公司宣告分配 2011 年度的现金股利，共计 400 万元（原始凭证见凭证 6-5(2)）。

凭证 6-5(2)　　　　　　　　**九江化工股份有限责任公司 2011 年度股东会决议**

```
┌──────────────────────────────────────────────────────────────┐
│   一、会议召开和出席情况                                        │
│   ……                                                           │
│   二、提案审议情况                                              │
│   ……                                                           │
│   4. 审议通过了《2011 年度利润分配方案》                         │
│   2011 年共实现净利润 800 万元，根据公司章程，按 10％计提法定盈余公积金，按 5％计提法定公益金，发放  │
│ 现金股利 400 万元，股东按持股比例享有。                          │
│   ……                                                           │
│                                                                │
│   股东（授权代表）签章（略）                                    │
│                                                  2012 年 04 月 02 日 │
└──────────────────────────────────────────────────────────────┘
```

6）2012 年 5 月 30 日，收到博兴材料公司和九江化工公司发放的现金股利（原始凭证见凭证 6-6$\frac{1}{2}$(2) 和凭证 6-6$\frac{2}{2}$(2)）。

凭证 6-6$\frac{1}{2}$(2)　　　　　　　　**中国工商银行进账单（收账通知）**

进账日期：2012 年 05 月 30 日　　　　　　　　№ 056880

收款人	全　称	北星新兴材料有限责任公司	付款人	全　称	博兴材料有限责任公司
	账　号	732001260004619		账　号	87865902320061
	开户银行	工商银行成都高新西区支行		开户银行	工商银行成都金牛支行

人民币（大写）：贰佰万元整	千	百	十	万	千	百	十	元	角	分
	Y	2	0	0	0	0	0	0	0	0

票据种类		收款人开户银行盖章

凭证6-6 $\frac{2}{2}$ (2)

中国工商银行进账单（收账通知）

进账日期：2012年05月30日　　　　　　　　　　　№ 056881

收款人	全　称	北星新兴材料有限责任公司	付款人	全　称	九江化工股份有限责任公司										
	账　号	732091260004619		账　号	40023200616590										
	开户银行	工商银行成都高新西区支行		开户银行	工商银行九江瑞昌支行	千	百	十	万	千	百	十	元	角	分
人民币（大写）：壹佰陆十万元整						Y	1	6	0	0	0	0	0	0	0
票据种类			收款人开户银行盖章												

7）2012年12月31日，博兴材料公司实现净利润200万元，九江化工公司发生净亏损600万元。北星新兴材料预计对博兴材料公司长期股权投资的可收回金额为1 600万元(原始凭证见凭证6-7 $\frac{1}{3}$(2)～凭证6-7 $\frac{3}{3}$(2))。

凭证6-7 $\frac{1}{3}$ (2)

长期股权投资损益调整计算表

2012年12月31日

被投资公司	投资比例	会计期间	被投资单位净利润	损益调整金额
合　计				

会计：李美娟　　　　　复核：赵　亮　　　　　制表：李美娟

凭证6-7 $\frac{2}{3}$ (2)

北星新兴材料有限责任公司七届十二次董事会决议

　　北星新兴材料有限责任公司于2012年12月31日在公司会议室召开董事会会议。应参加董事会为4人，实际参加会议董事4人，符合公司章程规定，会议有效。会议审议通过了以下决议。

　　1.……

　　2. 公司于2011年01月01日，取得九江化工股份有限责任公司40%股权，截至2012年12月31日，该笔投资账面价值为_____。由于新技术的产生，九江化工股份有限责任公司主要产品市场价格大幅下跌，同时原料、人工成本呈上升趋势，以上原因导致2012年度九江化工股份有限责任公司亏损600万元，预期短期内扭亏为盈的可能性较小，预计该项投资可收回金额为1 600万元。根据《企业会计准则》，按账面价值和可收回金额的差额计提长期股权投资减值准备。

　　……

　　本决议符合《中华人民共和国公司法》的规定。

　　出席会议的董事签名：张　青　王　达　何　京　俞　阳

2012年12月31日

凭证 6-7 $\frac{3}{3}$ (2)

长期股权投资减值准备提取计算表

2012 年 12 月 31 日

单位：元

被投资公司	账面价值	预计可收回金额	应计提减值准备
九江化工股份有限责任公司			
合　计			

会计：李美娟　　　　复核：赵　亮　　　　制表：李美娟

8）2013 年 4 月 22 日，博兴材料公司宣告分配现金股利 80 万元（原始凭证见凭证 6-8(2)）。

凭证 6-8(2)

博兴材料有限责任公司 2012 年度股东会决议

一、会议召开和出席情况

......

二、提案审议情况

......

4. 审议通过了《2012 年度利润分配方案》

2012 年共实现净利润 200 万元，根据公司章程，按 10%计提法定盈余公积金，按 5%计提法定公益金，发放现金股利 80 万元，股东按持股比例享有。

......

股东（授权代表）签章（略）

2013 年 04 月 22 日

9）2013 年 5 月 20 日，收到博兴材料公司分配的现金股利（原始凭证见凭证 6-9（2））。

凭证6-9(2)

中国工商银行进账单（收账通知）

进账日期：2013年05月20日　　　　　　№ 0621010

收款人	全称	北星新兴材料有限责任公司	付款人	全称	博兴材料有限责任公司
	账号	732001260004619		账号	87865902320061
	开户银行	工商银行成都高新西区支行		开户银行	工商银行成都金牛支行

人民币（大写）：捌拾万元整	千	百	十	万	千	百	十	元	角	分
				¥8	0	0	0	0	0	0

票据种类		收款人开户银行盖章

10）2013 年 6 月 30 日，北星新兴材料有限责任公司将其所持有的九江化工股份有限责任公司的 40%的股权全部转让给汇瑞股份有限责任公司（原始凭证见凭证 6-10 $\frac{1}{2}$（2）和

财务会计实训

凭证 6-10 $\frac{2}{2}$(2))。

凭证6-10 $\frac{1}{2}$(2)　　　　　　　　股权转让协议

甲方：北星新兴材料有限责任公司
乙方：汇瑞股份有限责任公司
甲乙双方经过友好协商，就甲方持有的九江化工股份有限责任公司股权转让给乙方持有的相关事宜，达成如下协议，以资信守。
甲方将其所持的40%的九江化工股份有限责任公司的股权转让给乙方，转让的价格为1 800万元，以货币资金方式支付。乙方于协议生效日支付全部转让款。
股权转让协议在经甲方和乙方的临时股东大会批准后生效。乙方按照本协议约定支付股权转让对价，办理股权过户手续后即可获得股东身份。
本协议正本一式四份，立约人各执一份，公司存档一份，报工商机关备案登记一份。

北星新兴材料有限责任公司　　　　　　　　　　　汇瑞股份有限责任公司

法人代表：张京磊　　　　　　　　　　　　　　法人代表：土瑞东
　　　　　　　　　　　　　　　　　　　　　　2013年06月30日

凭证6-10 $\frac{2}{2}$(2)　　　　　　中国工商银行进账单（收账通知）

进账日期：2013 年07月01日　　　　　　　　　№ 0621080

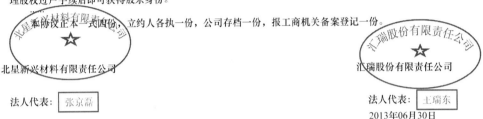

收款人	全　称	北星新兴材料有限责任公司	付款人	全　称	汇瑞股份有限责任公司										
	账　号	732001260004619		账　号	66234220055060										
	开户银行	工商银行成都高新西区支行		开户银行	工商银行成都金牛支行										
人民币（大写）：壹仟捌佰万元整					亿	千	百	十	万	千	百	十	元	角	分
					Y	1	8	0	0	0	0	0	0	0	0
票据种类			收款人开户银行盖章												

二、筹资业务实训

1. 实训目标
1）明确企业的筹资渠道、筹资方式和筹资业务的操作流程。
2）掌握权益筹资的账务处理。
3）掌握借款筹资的账务处理。
4）掌握债券筹资的账务处理。
2. 实训要求
1）根据实训资料，填制相关空白原始凭证。
2）根据实训资料，编制记账凭证。
3）根据实训资料，开设并登记筹资业务的相关账簿。
3. 操作准备
1）熟悉筹资业务核算的岗位职责。
2）会计实训室，企业基本情况，经济业务的原始凭证。

3）通用记账凭证或收付转专用记账凭证，总账及明细账。

4．操作流程

筹资业务操作流程见图 6-2。

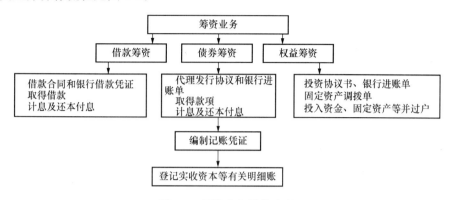

图 6-2　筹资业务操作流程

5．实训资料

1）2012 年 3 月 18 日，经过双方协商同意，四川希望有限责任公司投资北星新兴材料有限责任公司 500 万元现金，获得北星新兴材料有限责任公司 200 万股份（原始凭证见凭证 6-1 $\frac{1}{3}$（3）～凭证 6-1 $\frac{3}{3}$（3））。

凭证6-1 $\frac{1}{3}$（3）　　　　　　　　　　　　投资协议

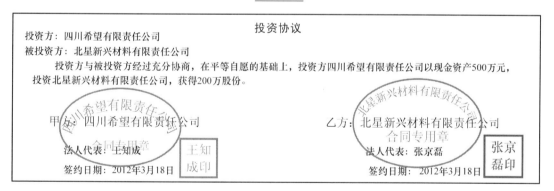

凭证6-1 $\frac{2}{3}$（3）　　　　　　　　　　　　资金变更批复

关于同意北星新兴材料有限责任公司注册资本金变更的批复

成都工商（2012）80号

北星新兴材料有限责任公司：

你公司《关于要求变更资质证书注册资本金的请示》已收悉。经审核，上报材料符合有限责任公司企业资质管理有关规定，同意你公司注册资本金增加500万元。

成都市工商管理局

2012年3月20日

凭证6-1$\frac{3}{3}$(3)

中国工商银行进账单（收账通知）

进账日期：2012年03月18日　　　　　　　　　　　　№ 057910

<table>
<tr><td rowspan="3">收款人</td><td>全　称</td><td>北星新兴材料有限责任公司</td><td rowspan="3">付款人</td><td>全　称</td><td colspan="10">四川希望有限责任公司</td></tr>
<tr><td>账　号</td><td>732001260004619</td><td>账　号</td><td colspan="10">52220200616255</td></tr>
<tr><td>开户银行</td><td>工商银行成都高新西区支行</td><td>开户银行</td><td colspan="10">工商银行成都高新西区支行</td></tr>
<tr><td colspan="3" rowspan="2">人民币（大写）伍佰万元整</td><td colspan="2"></td><td>千</td><td>百</td><td>十</td><td>万</td><td>千</td><td>百</td><td>十</td><td>元</td><td>角</td><td>分</td></tr>
<tr><td colspan="2"></td><td>￥</td><td>5</td><td>0</td><td>0</td><td>0</td><td>0</td><td>0</td><td>0</td><td>0</td><td>0</td></tr>
<tr><td>票据种类</td><td></td><td colspan="3">收款人开户银行盖章</td><td colspan="10"></td></tr>
</table>

2）2012年5月2日北星新兴材料有限责任公司向工商银行申请取得了期限6个月的借款1 000 000元（原始凭证见凭证6-2$\frac{1}{2}$(3)和凭证6-2$\frac{2}{2}$(3)）。

凭证6-2$\frac{1}{2}$(3)

流动资金借款申请书

企业名称：北星新兴材料有限责任公司　　　　2012年05月02日　　　　企业性质：有限责任公司

<table>
<tr><td>申请借款金额</td><td>1 000 000元</td><td></td></tr>
<tr><td>借款用途</td><td>流动资金周转需要</td><td></td></tr>
<tr><td>借款期限</td><td>6个月</td><td></td></tr>
<tr><td>还款资金来源</td><td>销货款</td><td></td></tr>
<tr><td>申请企业：</td><td>北星新兴材料有限责任公司</td><td>负责人：张京磊　张京磊印</td></tr>
<tr><td>经办行审批意见：</td><td>同意借款</td><td>工商银行高新西区支行业务专用章</td></tr>
</table>

凭证6-2$\frac{2}{2}$(3)

贷款凭证（3）（收账通知）

2012年5月2日

<table>
<tr><td>贷款单位</td><td colspan="2">北星新兴材料有限责任公司</td><td>种类</td><td>短期</td><td colspan="2">贷款户账号</td><td colspan="2">732001260004619</td><td></td><td></td><td></td><td></td><td></td><td></td><td></td><td></td></tr>
<tr><td rowspan="2">金额</td><td colspan="2" rowspan="2">人民币（大写）壹佰万元整</td><td colspan="6" rowspan="2"></td><td>千</td><td>百</td><td>十</td><td>万</td><td>千</td><td>百</td><td>十</td><td>元</td><td>角</td><td>分</td></tr>
<tr><td>￥</td><td>1</td><td>0</td><td>0</td><td>0</td><td>0</td><td>0</td><td>0</td><td>0</td><td>0</td></tr>
<tr><td rowspan="2">用途</td><td colspan="2" rowspan="2">流动资金周转借款</td><td colspan="2">单位申请期限</td><td colspan="5">自2012年5月2日起至2012年11月2日</td><td colspan="8"></td></tr>
<tr><td colspan="2">银行核定期限</td><td colspan="5">自2012年5月2日起至2012年11月2日</td><td colspan="8"></td></tr>
<tr><td colspan="3">上述贷款已核发放，款已划入该单位账户</td><td colspan="5"></td><td colspan="10"></td></tr>
<tr><td>年利率6%</td><td colspan="2"></td><td colspan="3">2012年5月2日</td><td colspan="2"></td><td colspan="5">复核　　记账</td><td colspan="5"></td></tr>
<tr><td>银行签章</td><td colspan="2"></td><td colspan="3"></td><td colspan="2"></td><td colspan="5">主管　　会计</td><td colspan="5"></td></tr>
</table>

3）2012年12月20日，北星新兴材料有限责任公司公开发行债券2 000 000.00元，并且向兴业证券有限责任公司支付发行费用100 000.00元（原始凭证见凭证6-3$\frac{1}{2}$（3）和凭证6-3$\frac{2}{2}$（3）。

凭证6-3 $\frac{1}{2}$ (3)

证券发行结算清单

2012年12月20日

企业名称		北星新兴材料有限责任公司
发行 债券	面　值	1.00元
	数　量	2 000手
	总　价	2 000 000.00元
发行费用		100 000.00元
发行净额		1 990 000.00

凭证6-3 $\frac{2}{2}$ (3)

中国工商银行进账单（收账通知）

进账日期：2012年12月20日　　　　　　　　№ 059980

收款人	全　称	北星新兴材料有限责任公司	付款人	全　称	兴业证券有限责任公司										
	账　号	732001260004619		账　号	65520200829090										
	开户银行	工商银行成都高新西区支行		开户银行	工商银行成都高新西区支行										
人民币（大写）壹佰玖拾玖万元整					千	百	十	万	千	百	十	元	角	分
					￥	1	9	9	0	0	0	0	0	0
票据种类			收款人开户银行盖章											

项目7   财务成果核算岗位实训

一、实训目标

1）掌握收入、费用、利润的核算。
2）掌握收入、费用、利润明细账的设立与登记方法。

二、实训要求

1）根据实训资料，填制相关空白原始凭证。
2）根据实训资料，编制记账凭证。
3）根据实训资料，开设并登记收入、费用和利润的总账与明细账。

三、操作准备

1）熟悉《企业会计准则》的相关规定及财务成果核算的岗位职责。
2）会计实训室，企业基本情况，经济业务的原始凭证。
3）通用记账凭证或收付转专用记账凭证，总账及明细账。

四、操作流程

财务成果核算操作流程见图 7-1。

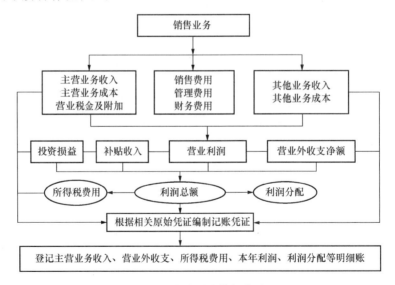

图 7-1   财务成果核算操作流程

五、实训资料

北星新兴材料有限责任公司 2012 年全年累计发生的损益情况见表 7-1。

表 7-1　公司 2012 年全年累计发生的损益情况表

单位：元

账户名称	全年累计实现金额（贷）	账户名称	全年累计发生金额（借）
主营业务收入	9 600 000	主营业务成本	6 000 000
其他业务收入	840 000	其他业务成本	480 000
公允价值变动损益	180 000	营业税金及附加	96 000
投资收益	720 000	销售费用	600 000
		管理费用	924 000
		财务费用	240 000
		资产减值损失	120 000
		营业外支出	240 000
		所得税费用	678 000
合计	11 412 000	合计	9 378 000

其他说明：1) 投资收益中包含国库债券利息收入 5 万元，营业外支出中包含违规经营行政罚款 2 万元；

2) 适用的企业所得税税率为 25%。

北星新兴材料有限责任公司 2012 年和 2013 年发生如下业务。

1) 2012 年 12 月 31 日，计算应纳税所得额和应交所得税，编制调整所得税费用的会计分录（原始凭证见凭证 7-1）。

凭证 7-1

应交所得税计算表

2012 年 12 月 31 日

单位：元

项　　目			金　　额
1～12 月利润总额			
1～12 月预提所得税			
纳税调整项目		调增项目	
		调减项目	
全年应纳税所得额			
全年应交所得税			
应补提或冲回的所得税			

会计：李美娟　　　　　　　复核：赵　亮　　　　　　　制表：李美娟

2) 2012 年 12 月 31 日，结转损益类账户本年累计发生额至"本年利润"账户（原始凭证见凭证 7-2）。

凭证 7-2

损益类账户发生额计算表

2012 年 12 月 31 日　　　　　　　　　　　　　　　　单位：元

科　目	借方发生额	贷方发生额
主营业务收入		
其他业务收入		
公允价值变动损益		
投资收益		
营业外收入		
主营业务成本		
其他业务成本		
营业税金及附加		
销售费用		
管理费用		
财务费用		
资产减值损失		
营业外支出		
所得税费用		

会计：李美娟　　　　　复核：赵 亮　　　　　制表：李美娟

3）2012 年 12 月 31 日，结转"本年利润"。

4）2012 年 12 月 31 日，利润分配（原始凭证见凭证 7-3）。

凭证 7-3

利润分配表

2012 年 12 月 31 日

项　目	分配比率/%	金额/元
利润总额		
应交所得税费用		
净利润		
提取法定盈余公积金	10	
提取任意盈余公积	5	
分配股利	20	
未分配利润		

会计：李美娟　　　　　复核：赵 亮　　　　　制表：李美娟

5）2013 年 2 月 20 日，根据股东会决议分配 2012 年利润（原始凭证见凭证 7-4）。

凭证7-4　　　北星新兴材料有限责任公司2013年度股东大会决议公告

北星新兴材料有限责任公司2013年度股东大会决议公告

一、……
二、会议召开和出席情况
三、提案审议情况
……
6. 审议通过了《2012年度利润分配方案》
　　2012年共实现净利润＿＿＿＿＿万元，弥补以前年度亏损＿＿＿＿＿，根据公司章程，按弥补
亏损后的净利润的10%计提法定盈余公积金，5%计提任意盈余公积；按弥补亏损后净利润的60%分配利润。
　　……

　　股东(授权代表)签章(略)

北星新兴材料有限责任公司
2013年02月20日

项目 8　总账报表岗位实训

一、实训目标

1）明确总账报表会计岗位的职责范围。
2）明确总账设置与登记的有关规定和要求。
3）能够根据企业实际情况正确选择账务处理程序。
4）掌握资产负债表、利润表及现金流量表的编制方法。

二、实训要求

1）设置总账，并登记各账户期初余额。
2）审核和填制原始凭证。
3）根据经济业务填制记账凭证。
4）根据审核无误的记账凭证编制科目汇总表。
5）根据科目汇总表登记总账。
6）对总账期末余额进行核对、结转。
7）根据总账编制资产负债表、利润表、现金流量表。

三、操作准备

1）《现金管理暂行条例》、《支付结算办法》、《会计基础工作规范》、《企业内部控制》。
2）会计实训室，企业基本情况，经济业务的原始凭证。
3）通用记账凭证、空白三栏式总账账簿、财务报表等各类表单。

四、操作流程

总账报表岗位业务操作流程见图 8-1。

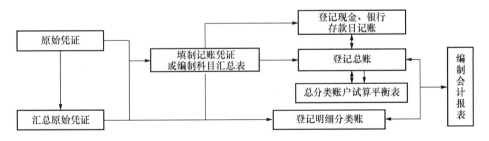

图 8-1　总账报表岗位业务操作流程

五、实训资料

北星新兴材料有限责任公司 2011 年 12 月 1 日各总账账户及明细账户期初余额资料见表 8-1。

表 8-1 北星新兴材料有限责任公司 12 月账户期初余额表

2011 年 12 月 1 日 单位：元

账户代码	账户名称（总账）	账户名称（明细账户）	借方余额	贷方余额
1001	库存现金		1 600.00	
1002	银行存款		3 855 000.00	
100201		工商银行	3 855 000.00	
1005	其他货币资金		500 000.00	
100501		外埠存款	50 000.00	
100502		银行汇票	100 000.00	
100503		银行本票	—	
100504		存出投资款	350 000.00	
100505		保证金账户	—	
1006	交易性金融资产		27 050.00	
100601		成本	27 050.00	
1008	应收票据		120 000.00	
100801		四川新宇装饰材料有限公司	120 000.00	
1010	应收账款		3 640 999.25	
101001		四川新宇装饰材料有限公司	1 253 658.36	
101002		成都兴盛建设有限公司	620 540.00	
101003		重庆永昌建筑工程有限公司	1 202 500.89	
101004		四川花样新城有限责任公司	514 300.00	
101005		四川民思达有限责任公司	50 000.00	
1011	预付账款		120 054.00	
101101		四川新兴科技有限公司	120 054.00	
1015	其他应收款		7 900.00	
101501		赵铭良	2 800.00	
101502		李美娟	1 600.00	
101503		王媛媛	2 300.00	
101504		存出保证金	1 200.00	
1020	坏账准备			102 356.00
102001		应收账款		102 356.00
1025	在途物资		65 600.00	
102501		原料及主要材料	65 600.00	
1026	原材料		311 154.00	
102601		原料及主要材料	288 600.00	
102602		辅助材料	22 554.00	
1030	库存商品		465 586.46	
103001		PVC 环保给水管	314 512.00	

账户代码	账户名称（总账）	账户名称（明细账户）	借方余额	贷方余额
103002		PVC 塑料地板	47 547.96	
103003		PVC 软板	103 526.50	
1040	存货跌价准备		—	
1101	固定资产		4 449 852.00	
110101		房屋建筑物	3 006 652.00	
110102		机器设备	1 443 200.00	
1102	累计折旧			825 345.00
110201		房屋建筑物		644 120.00
110202		机器设备		181 225.00
1201	在建工程		35 000.00	
120101		建筑工程	35 000.00	
1301	无形资产		1 300 000.00	
130101		专利权	100 000.00	
130102		土地使用权	1 200 000.00	
1302	累计摊销			70 000.00
2001	短期借款			300 000.00
200101		工商银行		300 000.00
2101	应付票据			210 000.00
210101		新鸿科技有限公司		210 000.00
2201	应付账款			1 643 095.00
220101		新鸿科技有限公司		665 450.00
220102		嘉禾集团有限公司		157 445.00
220103		四川精益实业发展有限公司		820 200.00
2301	预收账款			100 000.00
230101		昆明诚鑫建筑工程有限公司		100 000.00
2401	应交税费			74 349.21
240101		应交增值税		7 652.11
240102		应交所得税		65 762.50
240103		应交城建税		514.30
240104		应交教育费附加		420.30
2501	应付职工薪酬			96 500.45
		工资		10 527.00
		职工福利		15 623.12
		工会经费		22 554.00
		职工教育经费		36 005.78
		社会保险费		5 238.55
		公积金		6 552.00

续表

账户代码	账户名称（总账）	账户名称（明细账户）	借方余额	贷方余额
2601	其他应付款			160 338.45
260101		工会经费		—
260102		职工教育经费		64 512.55
260103		存入保证金		2 100.00
260104		代扣社会保险金		28 005.00
260105		代扣住房公积金		8 750.00
260106		代扣个人所得税		6 500.00
260107		其他		50 470.90
2701	长期借款			1 000 000.00
4001	实收资本			5 000 000.00
4002	资本公积			2 126 078.65
4101	盈余公积			506 324.00
4103	本年利润			451 208.00
4104	利润分配			2 234 200.95
410401		未分配利润		2 234 200.95
	合计		14 899 795.71	14 899 795.71

北星新兴材料有限责任公司 12 月原材料账户期初余额表见表 8-2 和表 8-3。

表 8-2　北星新兴材料有限责任公司 12 月原材料账户期初余额表（1）

总账账户	二级明细	三级明细	计量单位	数量	单价/元	金额/元
原材料	原料及主要材料	PVC 新料	吨	20.2	7 800	157 560
		PVC 聚氯乙烯再生料	吨	17.84	3 000	53 520
		PVC 树脂粉	吨	16.15	4 800	77 520
	辅助材料					
		稳定剂	袋	25	105	2 625
		加工助剂	袋	37	63	2 331
		润滑剂	盒	105	167.6	17 598

表 8-3　北星新兴材料有限责任公司 12 月库存商品账户期初余额表（2）

总账账户	二级明细	计量单位	数量	单价/元	金额/元
库存商品	PVC 环保给水管	米	17 000.65	18.50	314 512.00
	PVC 塑料地板	平方米	2 917.05	16.3	47 574.96
	PVC 软板	平方米	8 627.21	12.00	103 526.50

2011 年 12 月，北星新兴材料有限责任公司发生如下经济业务。

1）12 月 3 日，向开户银行申请一张 70 200 元的银行汇票，用于异地采购材料。收款人为嘉禾集团有限公司，收款方账号为 62848005201，开户银行是工商银行重庆南滨路支行（原始凭证见凭证 8-1）。

2）12 月 4 日，采购员持上述银行汇票与嘉禾集团有限公司进行材料款结算，并取得增值税专用发票，材料尚未收到（原始凭证见凭证 8-2）。

3）12 月 7 日，购入 PVC 新料，专用发票列明价款 46 800 元，增值税税额为 7 956 元，对方垫付运费 1 200 元，取得合法运费发票，材料已验收入库。经与对方协商，上述款项可于1个月后支付(原始凭证见凭证8-3$\frac{1}{3}$～凭证8-3$\frac{3}{3}$)。

凭证8-1

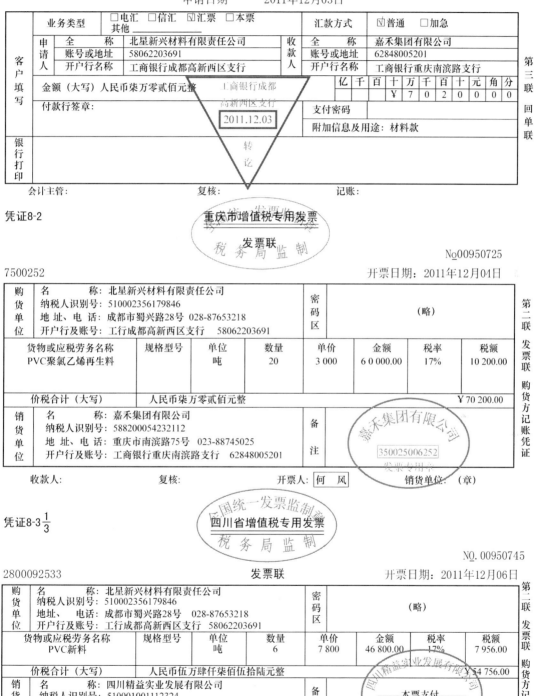

中国工商银行结算业务申请书　　　Ⅶ 0295463879

申请日期　　2011年12月03日

	业务类型	□电汇　□信汇　☑汇票　□本票 其他	汇款方式	☑普通　□加急

客户填写

申请人	全　称	北星新兴材料有限责任公司	收款人	全　称	嘉禾集团有限公司
	账号或地址	58062203691		账号或地址	62848005201
	开户行名称	工商银行成都高新西区支行		开户行名称	工商银行重庆南滨路支行

金额(大写)人民币柒万零贰佰元整　　　　亿千百十万千百十元角分 ￥7 0 2 0 0 0 0

付款行签章：　（工商银行成都高新西区支行 2011.12.03 转讫）

支付密码：

附加信息及用途：材料款

银行打印：

会计主管：　　　复核：　　　记账：

第三联 回单联

凭证8-2

重庆市增值税专用发票

发票联　　　　　No.00950725

7500252　　　　开票日期：2011年12月04日

购货单位	名　称	北星新兴材料有限责任公司	密码区	（略）
	纳税人识别号	510002356179846		
	地址、电话	成都市蜀兴路28号 028-87653218		
	开户行及账号	工行成都高新西区支行 58062203691		

货物或应税劳务名称	规格型号	单位	数量	单价	金额	税率	税额
PVC聚氯乙烯再生料		吨	20	3 000	6 0 000.00	17%	10 200.00

价税合计(大写)　人民币柒万零贰佰元整　　　　￥70 200.00

销货单位	名　称	嘉禾集团有限公司	备注	（嘉禾集团有限公司 350025006252 发票专用章）
	纳税人识别号	588200054232112		
	地址、电话	重庆市南滨路75号 023-88745025		
	开户行及账号	工商银行重庆南滨路支行 62848005201		

收款人：　　复核：　　开票人：何 风　　销货单位：(章)

第二联 发票联 购货方记账凭证

凭证8-3$\frac{1}{3}$

四川省增值税专用发票

发票联　　　　　No.00950745

2800092533　　　　开票日期：2011年12月06日

购货单位	名　称	北星新兴材料有限责任公司	密码区	（略）
	纳税人识别号	510002356179846		
	地址、电话	成都市蜀兴路28号 028-87653218		
	开户行及账号	工行成都高新西区支行 58062203691		

货物或应税劳务名称	规格型号	单位	数量	单价	金额	税率	税额
PVC新料		吨	6	7 800	46 800.00	17%	7 956.00

价税合计(大写)　人民币伍万肆仟柒佰伍拾陆元整　　　　￥54 756.00

销货单位	名　称	四川精益实业发展有限公司	备注	（四川精益实业发展有限公司 本票支付 360841001112324 发票专用章）
	纳税人识别号	510001001112324		
	地址、电话	广安市庆丰路32号 0826-8544692		
	开户行及账号	农行广安市庆丰分行 54626875232		

收款人：　　复核：　　开票人：李红玲　　销货单位：(章)

第二联 发票联 购货方记账凭证

凭证8-3 $\frac{2}{3}$

5220065112

四川省广安市公路运输业统一发票

发票联

NO.510023

托运单位：四川精益实业发展有限公司　　　　车属单位：广安讯捷物流公司　牌照号：

发货单位	四川精益实业发展有限公司		地址		电话		装货地点	
收货单位	北星新兴材料有限责任公司		地址		电话		卸货地点	
货物名称	件数	重量	包装	运费金额		其他收费费用		
						费目		金额
PVC新料		6吨		1 200.00				
合计人民币（大写）		壹仟贰佰元整		￥1 200.00				

开票单位盖章：广安讯捷物流公司　　开票人：钟帅　　　　　2011年12月06日

凭证8-3 $\frac{3}{3}$

收　料　单

供货单位：四川精益实业发展有限公司

发票编号：No.00950156　　　　　2011年12月07日　　　　　单位：元

类别	名称	规格	单位	数量		实际成本			
				应收	实收	单价	金额	运费	合计
主要材料	PVC新料		吨	6.00	6.00	7 800	46 800.00	1 116.00	47 916.00

主管：王倩　　　会计：王婷靓　　　仓库保管：周新美　　　经办人：何涛

4）12月12日，向成都兴盛建设有限公司销售产品，货已发出，开具了增值税专用发票，货款已办妥托收手续，并以银行存款支付了相关手续费（原始凭证见凭证8-4 $\frac{1}{4}$～凭证8-4 $\frac{4}{4}$）。

凭证8-4 $\frac{1}{4}$

3200091146

四川省增值税专用发票

记账联

NO.00510548

开票日期：2011年12月12日

购货单位	名称：成都兴盛建设有限公司			密码区		（略）		
	纳税人识别号：310006254555006							
	地址、电话：成都市土龙路62号　028-65632219							
	开户行及账号：农行滨河路支行　39507001042							
货物或应税劳务名称	规格型号	单位	数量	单价		金额	税率	税额
PVC环保给水管		米	15 800	30.00		474 000.00	17%	80 580.00
价税合计（大写）		人民币伍拾伍万肆仟伍佰捌拾元整						￥554 580.00
销货单位	名称：北星新兴材料有限责任公司			备注		52551000562		
	纳税人识别号：51000235617846					发票专用章		
	地址、电话：成都市蜀兴路28号　028-87653218							
	开户行及账号：工行成都高新西区支行　58062203691							

收款人：　　　　复核：　　　　开票人：戴青　　　　销货单位：（章）

第一联　记账联　销货方记账凭证

凭证8-4 $\frac{2}{4}$

产品出库单

2011 年 12 月 12 日 第___62___号

编号	名称	规格	单位	数量 要数	数量 实发	单位成本	金额	备注
	PVC 环保给水管		米	15 800	15 800	18.50	292 300.00	
	合　计			15 800	15 800	18.50	292 300.00	

记账：毛新亮　　　　　发货：李　志　　　　　制单：陈　灵

二 记账联

凭证8-4 $\frac{3}{4}$

托收凭证（受理回单） 1

NO：3300092745　　　　委托日期　2011年12月12日

业务类型	委托收款（□邮划，☑电划）			托收承付（□邮划，□电划）		
付款人 全称	成都兴盛建设有限公司		收款人 全称	北星新兴材料有限责任公司		
账号	39507001042		账号	58062203691		
地址	四川省成都 市/县 开户行 农行滨河路支行		地址	四川省成都 市/县 开户行 工行高新支行		

金额	人民币（大写）	伍拾伍万肆仟伍佰捌拾元整	千百十 万千百 拾元角分 Y 5 5 4 5 8 0 0 0

款项内容	货款	托收凭证名称	发票	附寄单据张数	2
商品发运情况	已发运		合同名称号码	2011096	
备注：		款项收妥日期		年 月 日	

收款人开户行盖章 年 月 日

此联是收款人开户银行给收款人的受理回单

凭证8-4 $\frac{4}{4}$ **中国工商银行成都市分行邮、电、手续费收费凭证（借方凭证）** 1

2001 年 12 月 12 日

缴款人名称：北星新兴材料有限责任公司	信（电）汇　笔　汇票　笔 其他　笔
账　号：58062203691	托收、委托　笔　支票　本 专用托收　笔

邮电金额 百十元角分	电报费金额 百十元角分	手续费金额 百十元角分	合计金额 千百十元角分	科目_____ 对方科目_____
		1 5 0 0	¥ 1 5 0 0	复核　记账 复票　制票

5）12 月 14 日，公司一台运输车辆因交通事故而毁损，报经管理当局批准予以清理。账面原价为 150 000 元，已计提折旧 100 000 元。同日，取得车辆残余价值变现收入 20 000 元（原始凭证见凭证 8-5 $\frac{1}{2}$ 和凭证 8-5 $\frac{2}{2}$）。

凭证8-5 $\frac{1}{2}$

固定资产清理单

2011 年 12 月 14 日

固定资产名称及编号	规格型号	单位	数量	预计使用年限	已使用年限	原始价值	已提折旧（含本月）	备 注
运输车辆	川 A97739	台	1	6	4	150 000.00	100 000.00	
清理原因		意外毁损						
处理意见		使用部门		技术鉴定小组		固定资产管理部门	总经理审批	
		无法使用		情况属实		同意转入清理	同意	

主管：李美娟　　　　　会计：王婷靓　　　　　经手人：李枫

凭证8-5 $\frac{2}{2}$

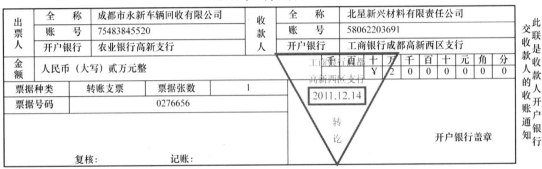

中国工商银行进账单（收账通知） 3

2011年12月14日

出票人	全 称	成都市永新车辆回收有限公司	收款人	全 称	北星新兴材料有限责任公司	此联是收款人开户银行交收款人的收账通知
	账 号	75483845520		账 号	58062203691	
	开户银行	农业银行高新支行		开户银行	工商银行成都高新西区支行	
金额	人民币（大写）贰万元整				Y 2 0 0 0 0 0 0	
票据种类	转账支票	票据张数	1			
票据号码	0276656				开户银行盖章	

复核：　　　　记账：

6）12 月 15 日，收到重庆永昌建筑工程有限公司为偿还前欠货款而签发的银行承兑汇票，面值 100 000 元，年利率 6％，期限为 60 天，一年按 360 天计算（原始凭证见凭证 8-6）。

7）12 月 16 日，收到行政部交来客户合同违约金 900 元（原始凭证见凭证 8-7）。

8）12 月 17 日，购入中国长安集团股票 100 000 股，将其划为交易性金融资产。实际支付价款 520 000 元，另付交易费 2 090 元，款项均以银行存款支付（原始凭证见凭证 8-8）。

9）12 月 18 日，购入一台需要安装的设备，取得的专用发票注明买价 50 000 元，增值税税额 8 500 元，款项已通过电汇支付，另现金支付装卸费 500 元。设备已交付安装（原始凭证见凭证 8-9 $\frac{1}{3}$ ～凭证 8-9 $\frac{3}{3}$）。

凭证8-6

银行承兑汇票 2

出票日期（大写）贰零壹壹年壹拾贰月壹拾伍日

出票人	全称	重庆永昌建筑工程有限公司	收款人	全 称	北星新兴材料有限责任公司	凭证寄付款行随委托收款凭证附件 此联收款人开户行作借方凭证附件
	账号	75489657702		账号	58062203691	
	开户行	农业银行培风支行	行号 25531		开户行	工行成都高新西区支行	行号 26125
汇票金额	人民币（大写）壹拾万元整				Y 1 0 0 0 0 0 0 0	
汇票到期日	2012年02月13日	本汇票已经承兑，到期日由本行付款		承兑协议编号	210095	
本汇票请你行承兑，到期无条件付款				科目（借）：		
重庆永昌建筑工程有限公司财务专用章	王奇新印 出票人签章 2011年12月15日		中国农业银行培风支行 2011.12.15 汇票专用章 承兑行签章 承兑日期2011年12月15日	对方科目（贷）： 转账　年　月　日 复核　记账		

凭证8-7

收款收据

2011年12月16日　　　　　　　　　　　NO. 2314586

今收到	成都希望有限公司
人民币	玖佰元整　　　　　Y 900.00　　现金收讫
系　付	合同违约金

会计：王婷靓　　　　出纳：张鸿　　　　经手人：李枫

凭证8-8

上海证券中央登记清算公司

2011年12月17日

110579	成交过户交割凭单	买

股东编号：	A128 056	成交证券：	中国长安
电脑编号：	77 619	成交数量：	100 000
公司编号：	731	成交价格：	5.20
申请编号：		成交金额：	520 000
申报时间：		标准佣金：	1 560
成交时间：		过户费用：	10
上交余额：	（股）	印花税：	520
本次成交：	100 000（股）	应收金额：	
本次余额：	100 000（股）	附加费用：	
本次库存：		实际付款金额：	522 090

经办单位：成都银河证券股份公司　　　　　　客户：北星新兴材料有限责任公司

凭证8-9 $\frac{1}{3}$

四川省增值税专用发票

税　务　发票联　监　制

2800095611　　　　　　　　　　　　　　NO. 00950190
　　　　　　　　　　　　　　开票日期：2011年12月18日

购货单位	名　　称：北星新兴材料有限责任公司 纳税人识别号：510002356179846 地址、电话：成都市蜀兴路28号　028-87653218 开户行及账号：工行成都高新西区支行　58062203691	密码区	（略）

货物或应税劳务名称	规格型号	单位	数量	单价	金额	税率	税额
机床		台	1	50 000	50 000.00	17%	8 500.00

价税合计（大写）	人民币伍万捌仟伍佰元整	Y 58 500.00

销货单位	名　　称：四川长城设备有限公司 纳税人识别号：510001066052811 地址、电话：南充市海淀路90号　0817-2890131 开户行及账号：农行南充市清河分行　65542100089	备注	本票支付 70500252002474 发票专用章

收款人：　　　　复核：　　　　开票人：李青山　　　　销货单位：（章）

第二联　发票联　购货方记账凭证

凭证8-9 $\frac{2}{3}$

中国工商银行 结算业务申请书

VII 0295463543

申请日期　　　2011年12月18日

	业务类型	☑电汇 □信汇 □汇票 □本票 其他_____		汇款方式		☑普通 □加急												
客户填写	申请人	全　称	北星新兴材料有限责任公司	收款人	全　称	四川长城设备有限公司												
		账号或地址	58062203691		账号或地址	65542100089												
		开户行名称	工商银行成都高新西区支行		开户行名称	农行南充市清河分行												
	金额（大写）人民币伍万捌仟伍佰元整					亿	千	百	十	万	千	百	十	元	角	分		
										￥	5	8	5	0	0	0	0
	付款行签章： 工商银行成都 高新西区支行 2011.12.18 转讫			支付密码														
				附加信息及用途：设备款														
银行打印																		

会计主管：　　　　　　　复核：　　　　　　　记账：

第三联　回单联

凭证8-9 $\frac{3}{3}$

领　款　单

领　款　人　_张楠_　　　　　　　单位 _____

领款金额（大写）　人民币伍佰元整　　　￥ _500.00_

款项缘由　　设备装卸费

部门意见：　情况属实，同意支付　赵铭良　2011.12.18

现金付讫

收款人签字：张楠

2011年12月18日

会计：王婷靓　　　出纳：张鸿　　　经手人：李枫

10）12月21日，向开户银行借入3个月借款500 000元（原始凭证见凭证8-10 $\frac{1}{2}$ 和凭证8-10 $\frac{2}{2}$）。

凭证8-10 $\frac{1}{2}$

短期借款申请书

2011年12月21日

企业名称	北星新兴材料有限责任公司	法人代表	张京磊	企业性质	有限责任
地　址	蜀兴路28号	财务负责人	李美娟	联系电话	87653218
经营范围	PVC新兴材料产品	主管部门			
借款期限	3个月			申请金额	500 000元
主要用途及效益说明：	流动资金借款				
申请单位财务章： 北星新兴 材料有限 责任公司 财务专用章				信贷员意见：	中国工商银行成都分行 业务专用章
财务部门负责人：李美娟		经办章		行主管领导：张军 信贷部门 王林	

凭证8-10 $\frac{2}{2}$

贷款凭证（3）（收账通知）

2011年12月21日

贷款单位名称	北星新兴材料有限责任公司		种类	流动资金贷款	贷款户账　号	7556540025									
金额	人民币（大写）：伍拾万元整					千	百	十	万	千	百	十	元	角	分
						¥	5	0	0	0	0	0	0	0	0
用途	生产周转	单位申请期限	自2011年12月21日起至2012年3月21日止				利率				6%					
		银行核定期限	自2011年12月21日起至2012年3月21日止													
上列贷款已核准发放，并已转收你单位高新西区支行账户。				单位会计分录 收入 ——————— 付出 ——————— 复核　　　　记账 主管　　　　会计											
银行签章　2011年12月21日															

11）12月22日，以银行存款支付员工工资316 018元，并代扣各项费用（原始凭证见凭证8-11 $\frac{1}{2}$ 和凭证8-11 $\frac{2}{2}$）。

凭证8-11 $\frac{1}{2}$

工资结算汇总表

2011 年 12 月

单位：元

车间、部门		基本工资	奖金	津贴	应付工资	代扣款项			实发工资
						社会保险费	公积金	个人所得税	
乙炔车间	生产工人	62 050	6 500	1 100	69 650	7 229.7	4 520.3	452.73	57 447.3
	管理人员	5 200	1 200	560	6 960	722.45	451.7	45.24	5 740.61
合成车间	生产工人	79 000	7 800	1 500	88 300	9 165.5	5 730.7	573.95	72 829.8
	管理人员	6 500	3 200	780	10 480	1 087.8	680.15	68.12	8 643.9
聚合车间	生产工人	35 020	3 500	4 500	43 020	4 465.5	2 792	279.63	35 482.9
	管理人员	5 100	1 600	540	7 240	751.51	469.88	47.06	5 971.55
专设销售机构		25 000	18 050	1 020	44 070	4 574.5	2 860.1	496.55	36 138.8
建造厂房工人		34 020	3 500	1 800	39 320	4 081.4	2 551.9	255.58	32 431.1
行政部门		63 000	10 560	800	74 360	7 718.6	4 826	483.34	61 332.1
合　计		314 890	55 910	12 600	383 400	39 797	24 883	2 702.2	316 018

会计：李美娟　　　　复核：赵　亮　　　　制表：王婷靓

凭证8-11 $\frac{2}{2}$

中国工商银行转账支票

中国工商银行
转账支票存根
支票号码　Ⅰ　Ⅴ0287655
附加信息

出票日期：2011 年 12 月 22 日

收款人：北星新兴材料有限责任公司
金　额：¥316 018.00
用　途：发工资

单位主管　　　　　会计

12) 12 月 22 日，代交员工个人所得税（原始凭证见凭证 8-12）。

13) 12 月 22 日，交纳社会保险费及住房公积金$\left(\text{原始凭证见凭证 8-13}\frac{1}{2}\text{和凭证 8-13}\frac{2}{2}\right)$。

凭证 8-12

中国工商银行转账支票

中国工商银行
转账支票存根
支票号码　Ⅰ　Ⅴ0287656
附加信息

出票日期：2011 年 12 月 22 日

| 收款人：成都市地税局 |
| 金　额：￥2 702.20 |
| 用　途：缴个税 |

单位主管　　　　　会计

凭证 8-13 $\frac{1}{2}$

中国工商银行转账支票

中国工商银行
转账支票存根
支票号码　Ⅰ　Ⅴ0287646
附加信息

出票日期：2011 年 12 月 22 日

| 收款人：成都市社会保障局 |
| 金　额：￥121 965.60 |
| 用　途：缴纳社会保险金 |

单位主管　　　　　会计

凭证 8-13 $\frac{2}{2}$

中国工商银行转账支票

中国工商银行
转账支票存根
支票号码　Ⅰ　Ⅴ0287647
附加信息

出票日期：2011 年 12 月 22 日

| 收款人：成都市住房公积金管理中心 |
| 金　额：￥49 766.00 |
| 用　途：缴纳公积金 |

单位主管　　　　　会计

14）12 月 23 日，开出转账支票支付销售部用于宣传产品的广告费（原始凭证见凭证 8-14 $\frac{1}{2}$ 和凭证 8-14 $\frac{2}{2}$）。

凭证8-14 $\frac{1}{2}$

中国工商银行转账支票

中国工商银行 转账支票存根 支票号码 IV 0287632 附加信息 出票日期： 年 月 日 收款人： 金　额： 用　途： 单位主管　　会计	本支票付款期限十天	中国工商银行转账支票　　地方　支票号码 IV 0287632 出票日期（大写） 年 月 日　付款行名称： 收款人：　　　　　　　　　　　出票人账号： 人民币 （大写）　　　　　　　千百十万千百十元角分 用途：＿＿＿＿＿ 上列款项请从 我账户内支付 出票人签章　　　　　　复核　　　记账

凭证8-14 $\frac{2}{2}$

成都市广告业专用发票

发票联

No 2550302

2011年12月23日

客户名称：北星新兴材料有限责任公司		地址：成都市蜀兴路28号										
项目	摘要	数量	单价	金　额								第二联 发票联
				十	万	千	百	十	元	角	分	
广告宣传费	广告设计、策划费用				1	0	0	0	0	0	0	
金额合计（大写）人民币壹万元整				￥	1	0	0	0	0	0	0	

单位盖章：　　　　　　　收款人：　　　　　　　制票人：许均

15）12 月 25 日，18 日购入的设备安装完毕，现金支付安装费 800 元，已交付生产车间使用（原始凭证见凭证 8-15 $\frac{1}{2}$ 和凭证 8-15 $\frac{2}{2}$）。

16）12 月 31 日，分配本月员工工资（原始凭证见凭证 8-16）。

17）12 月 31 日，分配本月员工社会保险及住房公积金（原始凭证见凭证 8-17）。

18）12 月 31 日，计提本月 15 日收到的银行承兑汇票利息（原始凭证见凭证 8-18）。

19）12 月 31 日，计提本月固定资产折旧（原始凭证见凭证 8-19）。

20）12 月 31 日，根据材料领用单计算产品的材料成本，材料按照实际成本先进先出法计价（原始凭证见凭证 8-20）。

凭证8-15 $\frac{1}{2}$ 领 款 单

领 款 人	张 清 泉	单位	
领款金额（大写）	人民币捌佰元整	￥ 800.00	现金付讫
款项缘由	设备安装费		
部门意见：	情况属实，同意支付	赵铭良 2011.12.25	

收款人签字：张清泉

2011年12月25日

会计： 王婷靓   出纳： 张 鸿   经手人： 李 枫

凭证 8-15 $\frac{2}{2}$ 固定资产验收单

固定资产名称：机床   2011 年 12 月 25 日

类别	生产经营用固定资产	规格		计量单位	台
产地	四川	供应单位		四川长城设备有限公司	
使用部门	聚合车间	预计使用年限	6		
购进成本	50 500	安装费	800	合计	51 300.00

技术鉴定：设备安装成功，已达到预定可使用状态。 鉴定人：吴兴民

财务部意见：按规定转入固定资产。 2011 年 12 月 25 日 审批人：李美娟
财务总监：李美娟

总经办审批：同意办理   审批人：王媛媛

采购部经办人：张云峰   使用部门负责人：王 亮   资产管理员：何 娟

凭证 8-16   工资分配表

2011 年 12 月   单位：元

项 目		定额工时	工资费用	
			分配率	分配额
环保给水管		1 800	62.80	113 040
PVC 地板		800	62.80	50 240
PVC 软板		600	62.80	37 690
合 计		3 200		200 970
制造费用	乙炔车间			6 960
	合成车间			10 480
	聚合车间			7 240
专设销售机构				44 070
建造厂房工人				39 320
行政部门				74 360
合 计				383 400

会计主管：李美娟   复核：赵 亮   制表：王婷靓

凭证 8-17

社会保险费及住房公积金分配表

2011 年 12 月 31 日　　　　　　　　单位：元

项　　目		社会保险费	住房公积金
环保给水管		24 226.26	7 336.50
PVC 地板		10 767.23	3 260.67
PVC 软板		8 077.56	2 446.15
合　　计		43 071.05	13 043.31
制造费用	乙炔车间	1 491.64	451.72
	合成车间	2 246.03	680.17
	聚合车间	1 551.65	469.89
专设销售机构		9 444.90	2 860.22
建造厂房工人		8 426.90	2 551.94
行政部门		15 936.52	4 826.10
合　　计		82 168.68	24 883.34

会计主管：李美娟　　　　　复核：赵　亮　　　　　制表：王婷靓

凭证 8-18

应收票据利息计算表

票据种类：银行承兑汇票　　　　　　票据号码：0565452
签发日期：2011 年 12 月 15 日　　　付款人：重庆永昌建筑工程有限公司
票据利息＝票面金额×票面利率×期限
　　　　＝$100\,000 \times 6\% \div 360 \times 16$
　　　　＝266.67（元）
该应收票据 2011 年 12 月应计提的利息为 266.67 元。

凭证 8-19

固定资产折旧提取计算表

2011 年 12 月　　　　　　　　单位：元

使用部门	固定资产类别	固定资产原值	月折旧率	月折旧额
生产车间	房屋及建筑物	1 340 055	0.20	2 680.11
	机器设备	578 000	0.80	4 624.00
专设销售机构	房屋及建筑物	320 000	0.20	640.00
	机器设备	160 160	0.80	1 281.28
建造厂房	机器设备	305 000	0.80	2 440.00
行政部门	房屋及建筑物	1 346 597	0.20	2 693.19
	机器设备	250 040	0.80	2 000.32
合计	房屋及建筑物	3 006 652.00	0.20	6 013.30
	机器设备	1 293 200.00	0.80	10 345.60

会计主管：李美娟　　　　　复核：赵　亮　　　　　制表：王婷靓

凭证 8-20

材料领用汇总单

单位：车间   2011 年 12 月 31 日   单位：元

用途 材料名称	环保给水管		塑料地板		PVC 软板	
	数量	金额	数量	金额	数量	金额
PVC 新料（单位：吨）	12.2	95 160	2.5	19 500	2.3	17 940
聚氯乙烯再生料（单位：吨）	5.4	16 200	6.092	18 276	3.508	10 524
PVC 树脂粉（单位：吨）	7.86	37 728	2.15	10 320	2.31	11 088
稳定剂（单位：袋）	6	630	5	525	3	315
加工助剂（单位：袋）	11	693	5	315	3	189
润滑剂（单位：盒）	22	3 687.2	13	2 178.8	9	1 508.4
合　计		154 096.44		51 117.31		41 562.69

主管：　　　审核：张丹　　　领料：许海星　　　　　　　　发料：严明

21）12 月 31 日，结转本月制造费用（原始凭证见凭证 8-21）。

凭证 8-21

制造费用分配表

2011 年 12 月   单位：元

费用明细	金额	合计	费用归属	定额工时	分配率	分配额
工　资	24 680		环保给水管	1 800	12.149	21 868.2
社保及公积金	6 891.1	38 875.2	塑料地板	800		9 719.2
折旧	7 304.1		软板	600		7 287.8
合计	38 875.2			3 200		38 875.2

会计主管：李美娟　　　　　复核：赵　亮　　　　　　制表：王婷靓

22）12 月 31 日，计算并结转当月完工产品成本（原始凭证见凭证 8-22）。

凭证 8-22

完工产品成本计算表

2011 年 12 月   单位：元

成本项目	产品名称：环保给水管 产　量：16 200 米		产品名称：塑料地板 产　量：7 500 平方米		产品名称：PVC 软板 产　量：8 500 平方米		合计
	总成本	单位成本	总成本	单位成本	总成本	单位成本	
直接材料	154 096.44	9.51	51 117.31	6.82	41 562.69	4.89	246 776.44
直接人工	144 602.76	8.93	64 267.9	8.57	48 213.71	5.67	257 084.37
制造费用	21 868.2	1.35	9 719.2	1.30	7 287.8	0.86	38 875.20
合　计	320 567.40	19.79	125 104.41	16.69	97 064.20	11.42	542 736.01

会计：李美娟　　　　　复核：赵　亮　　　　　　制表：王婷靓

23）12 月 31 日，收到银行转来的利息缴纳回单（原始凭证见凭证 8-23）。

凭证8-23

中国工商银行贷款利息缴纳通知

2011年12月31日

账 号	户 名	计息期	积 数	利率（月）	利息金额
58062203691	北星新兴材料有限责任公司	2011年12月22日起至2011年12月31日止	￥500 000.00	工商银行成都高新西区支行 6% 2011.12.31	￥833.33
大写金额：人民币捌佰叁拾叁元叁角叁分					
上列款项已从你单位往来户如数支付。 银行盖章			备注： 转讫		

此联为支付利息的回单

会计主管：　　　　　　　　复核：　　　　　　　　记账：

24）12 月 31 日，按照余额百分比法以 5％的比例对应收款项计提坏账准备（原始凭证见凭证 8-24）。

凭证 8-24

坏账准备提取计算表

年　　月　　日

单位：元

年末"应收账款"科目余额	坏账准备提取比率	提取前"坏账准备"科目借方余额	提取前"坏账准备"科目贷方余额	本期应提取的坏账准备

会计：李美娟　　　　　复核：赵 亮　　　　　制表：王婷靓

25）12 月 31 日，采用先进先出法按照实际成本结转本月销售产品成本（原始凭证见凭证 8-25）。

凭证 8-25

主营业务成本计算表

2011 年 12 月 31 日

单位：元

产品名称	单位	月初结存		本月销售	
		数量	总成本	数量	总成本
PVC 环保给水管	米	17 000.65	314 512.00	15 800	292 300.00
合计		17 000.65	314 512.00	15 800	292 300.00

会计：李美娟　　　　　复核：赵 亮　　　　　制表：王婷靓

26）12 月 31 日，经过减值测试，发现企业存货中 PVC 软板账面余额 200 590.7 元，可变现净值 180 150 元，其他存货均不存在减值迹象。计提本期存货减值准备（原始凭证见凭证 8-26）。

凭证 8-26

存货减值准备提取计算表

2011 年 12 月 31 日 　　　　　　　　　　　单位：元

项　目	金　额
存货账面余额	
存货可变现净值	
本期计提后跌价准备余额	
减：跌价准备期初贷方余额	
存货跌价准备本期计提额	

会计主管：李美娟　　　　　复核：赵　亮　　　　　制表：王婷靓

27）12 月 31 日，结转各损益类账户。

28）12 月 31 日，计算应交所得税并结转所得税费用$\left(\text{原始凭证见凭证 8-27}\frac{1}{2}\text{和}\right.$凭证 $\left.8\text{-}27\frac{2}{2}\right)$。

凭证 8-27 $\frac{1}{2}$

企业应纳所得税计算表

年　月　日至　年　月　日 　　　　　　　　　单位：元

项　目	金　额
一、本年度会计利润总额	
加：应纳税所得额调增项目	
1. 存货跌价准备	
2. 坏账准备	
3.	
小　计	
减：应纳税所得额调减项目：	
1.	
2.	
小　计	
二、应纳税所得额	
乘：适用税率（25%）	
三、应纳所得税	

会计主管：李美娟　　　　　复核：赵　亮　　　　　制表：王婷靓

凭证 8-27 $\frac{2}{2}$　　　　　　　　　　**所得税费用计算表**

年　月　日至　年　月　日　　　　　　　　　　　　　　　　　单位：元

项　　目	金　　额
应纳所得税税额	
加：递延所得税负债	
减：递延所得税资产	
所得税费用	

会计主管：李美娟　　　　　复核：赵　亮　　　　　制表：王婷靓

29）12 月 31 日，结转"本年利润"账户。

30）12 月 31 日，按 10％的比例计提法定盈余公积（原始凭证见凭证 8-28）。

凭证 8-28　　　　　　　　　　**本年提取盈余公积计算表**

企业名称：北星新兴材料有限责任公司　　2011 年 12 月 31 日　　　　　　　单位：元

项　　目	金　　额
本年净利润	
减：弥补企业以前年度亏损	
计提盈余公积基数	
本年应提取法定盈余公积	

会计主管：李美娟　　　　　复核：赵　亮　　　　　制表：王婷靓

31）12 月 31 日，根据董事会决议，按本年可供分配利润的 20％向投资者分配股利（原始凭证见凭证 8-29）。

凭证 8-29　　　　　　　　　　**本年应付普通股股利计算表**

企业名称：北星新兴材料有限责任公司　　2011 年 12 月 31 日　　　　　　　单位：元

项　　目	金　　额
本年净利润	
减：弥补企业以前年度亏损	
提取的法定盈余公积	
加：年初未分配利润	
盈余公积补亏	
可供投资者分配的利润	
应付给投资者的利润	

会计主管：李美娟　　　　　复核：赵　亮　　　　　制表：王婷靓

项目 9　财务会计综合实训

一、实训目标

1）能执行《中华人民共和国会计法》（以下简称《会计法》）、《会计基础工作规范》、《企业会计准则》和《企业会计制度》的相关规定。

2）能准确分析判断核算主体经济业务的基本情况。

3）会正确填制和识别各种原始凭证。

4）能根据原始凭证判断具体的经济业务，并准确编制记账凭证。

5）熟练完成期初建账工作。

6）会根据不同依据登记明细账、日记账和总账。

7）能根据账簿资料编制资产负债表、利润表等主要会计报表。

8）能熟练装订会计凭证，了解会计档案的保管要求。

9）养成严谨细致的工作作风，树立规范的工作意识，胜任各主要会计核算岗位。

二、实训要求

1）指导教师应根据实训学生的具体情况，拟定合理的综合实训实施方案。组织学生认真学习《会计法》、《会计基础工作规范》、《企业会计准则》、《企业会计制度》和《会计档案管理办法》等会计法律法规，严格要求学生按照账务处理流程完成制证、记账和编制报表等主要核算环节的各项任务。应让学生在思想上做好吃苦和耐心的准备，以达到科学、合理地安排进度，圆满完成会计综合模拟实训的目的。

2）指导教师应做好综合实训的物资准备，包括手工模拟实训所需的记账凭证、科目汇总表、各种账页、会计报表、凭证封皮、账绳、胶水、装订机、铁夹子等，可按所需数量事先印刷或购买。

3）会计综合模拟实训原则上要求学生独立完成，以便使其对财务会计的核算岗位、核算程序、核算方法及核算内容的来龙去脉有一个完整的认识。但指导教师对于一些难点和重点问题应预先予以提示，在实训操作过程中应及时给予必要的指导，以确保实训的顺利进行。

4）在条件许可的情况下，还可在手工实训完成后，以手工核算的资料为基础，进行电算化模拟实训。

三、操作准备

1）《会计法》、《会计基础工作规范》、《企业会计准则》、《企业会计制度》、《会计档案管理办法》等。

2）在会计手工综合模拟实训室进行，准备凭证封皮、包角、账夹、账绳、胶水、装订机、铁夹子、档案盒等。

3）企业基本情况、经济业务原始凭证、记账凭证、科目汇总表、账簿启用一览表、各类明细账账页、现金日记账、银行存款日记账、总账、资产负债表、利润表、现金流量表等。

四、操作流程

综合实训操作流程见图 9-1。

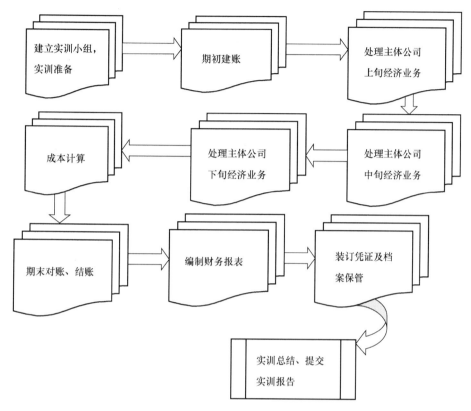

图 9-1   综合实训操作流程

五、实训资料

(一) 企业基本情况

1) 公司名称:赛斯特科技有限责任公司。

2) 性质:有限责任公司,增值税一般纳税人。

3) 纳税人识别号:510208830020288。

4) 地址及电话:宏江市腾博路 156 号,87461588。

5) 开户行及账号:中国工商银行宏江支行 532001260004619。

6) 经营范围:赛斯特科技有限责任公司(以下简称赛斯特公司)是一家专业从事化工产品生产、销售的股份制企业,目前主要生产 PAC、PCG 两种化工产品。

7) 注册资金:500 万元。公司于 2008 年由两家法人企业(宏江市兴华实业有限公司、宏江市新星化工有限公司)和自然人张浩天共同投资组建,其中宏江市兴华实业有限公司、宏江市新星化工有限公司各出资 200 万元,各占 40% 的股权,张浩天出资 100 万元,占 20% 的股权。

8) 赛斯特公司组织机构及主要责任人,见表 9-1。

表 9-1　赛斯特公司组织机构及主要责任人

部　门	岗　位	姓　名	类　别
办公室	总经理	秦云潇	企业管理
	行政副总经理	孙芸	企业管理
	生产副总经理	李明朗	企业管理
	营销副总经理	潘峰	企业管理
	主任	赵婷	企业管理
	秘书	王阳	企业管理
	司机	刘磊	企业管理
人力资源部	人事经理	张红卫	企业管理
财务部	财务副总经理兼主管	鲁新民	企业管理
	出纳	张岩	企业管理
	制单会计	王凤梧	企业管理
	记账会计	顾笑笑	企业管理
销售部	经理	张萌	企业管理
销售部	销售员	金鑫	企业管理
采购部	经理	吴用	企业管理
采购部	采购员	李乐乐	企业管理
储运部	经理	王一平	企业管理
材料物资仓库	材料库管员	张维光	企业管理
产品仓库	成品库管员	于智强	企业管理
加工车间	车间主任	杨力宇	车间管理
	工人	高洋、段鹏、胡亮、汪飞、杨南、周永、何林	基本生产
机修车间	车间主任	米飞易	车间管理
	工人	田甜、易小麦	辅助生产
运输车间	车间主任	徐则程	车间管理
	工人	谢天、余翔	辅助生产
职工食堂	管理员	赵琳栎	集体福利

9）生产组织与工艺流程。

① 公司下设一个基本生产车间，即加工车间，主要生产 PAC 和 PCG 两种产品，生产这两种产品的主要原材料为苯胺和亚硝酸钠；另设两个辅助生产车间，即机修车间、运输车间。

② 生产类型为单步骤大量生产，从材料仓库领料后送加工车间生产，形成成品，再分袋包装，下流水线后送成品仓库。

10）市场与客户。企业生产的产品批发给中间批发商集中采购，或下游生产企业作为原材料购进使用。

目前主要客户有 7 家，见表 9-2。

表 9-2 客户明细表

名称	纳税人识别号	地址/电话	开户行	账号
鼎新公司	540208871904362	宏江市北星路 86 号，83822652	中行北星支行	532001260004618
景宏公司	31020092843217	古北市东郊路 235 号，7628578	中行东郊分行	3489040876293857
今业公司	321001809218756	北陵市华西路 658 号，66821258	中行华西支行	3108020050932186
长丰公司	340208809217438	宏江市解放路 362 号，6882098	中行解放支行	5320012698723451
联发公司	340221109186463	宏江市星华路 224 号，5826449	中行星华支行	5320012094621185
昌盛公司	357901267389236	西源市曙光路 52 号，65782329	中行曙光支行	2672569802438612
顺发公司	321021756912735	北陵市三江路 115 号，65368901	中行三江支行	3108021297538108

目前主要供应商有 4 家，见表 9-3。

表 9-3 供应商明细表

名称	纳税人识别号	地址/电话	开户行	账号
寰亚公司	323257389546621	北陵市大兴路 256 号，66281962	中行大兴支行	3236158241692567
伊林公司	635289651437856	大元市江夏路 169 号，75268153	中行江夏支行	4635978215635498
普达公司	540208672613358	宏江市南羽路 128 号，85826658	中行城南支行	532001271093427
兴芜公司	756023891856092	南广市复兴路 179 号，56239068	中行复兴支行	612085373293482

（二）赛斯特公司的财务会计政策

1. 会计工作组织及账务处理程序

公司会计工作组织形式采用集中核算形式，账务处理采用科目汇总表账务处理程序，按旬汇总，见图 9-2。

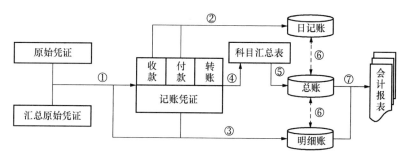

图 9-2 科目汇总表账务处理程序流程

说明：箭头表示记账程序，虚线表示核对。

2. 会计核算基本规定

（1）执行准则

公司执行中华人民共和国财政部制定的《企业会计准则》。

（2）会计年度

公司会计年度自公历每年 1 月 1 日起至 12 月 31 日。

（3）记账本位币

公司会计核算以人民币为记账本位币。

（4）流动资产核算基本规定

1）公司库存现金限额为 5 000 元。

2）公司采用备抵法核算应收款项减值损失，经减值测试按应收账款余额 0.5% 计提坏账准备，各项其他应收款不计提坏账准备。

3）原材料中原料及主料的日常收发按计划成本计价核算，收入材料实际成本与计划成本的差异逐笔结转，材料成本差异按原料种类分别核算。材料成本差异率月终计算。发出材料应负担的成本差异于月末集中一次结转。原材料中其他材料的日常收发按实际成本计价核算。

4）周转材料（低值易耗品和包装物）采用实际成本计价核算，发出时采用一次摊销法计算和核算。

5）产成品的收发按实际成本计价核算。本月发出产成品的实际单位成本按全月一次加权平均法计算。

6）期末各项存货按成本与可变现净值孰低法分别计量，对成本高于可变现净值的差额则计提存货跌价准备。

（5）长期股权投资核算基本规定

1）公司对晨光公司的投资比例为 30%，采用权益法核算。

2）公司长期股权投资期末按可收回金额与账面价值孰低法计量，对可收回金额低于账面价值的差额，计提长期股权投资减值准备。

（6）固定资产核算基本规定

1）采用平均年限法计提固定资产折旧。房屋建筑物类月折旧率为 0.3%，机器设备类月折旧率为 0.6%。

2）公司固定资产期末按可收回金额与账面价值孰低法计量，对可收回金额低于账面价值的差额，计提固定资产减值准备。

（7）无形资产核算基本规定

1）无形资产取得时按实际成本计价，并在预计使用期限内按直线法进行摊销。

2）公司无形资产期末按可收回金额与账面价值孰低法计量，对可收回金额低于账面价值的差额，计提无形资产减值准备。

（8）产品成本核算基本规定

1）公司成本核算采用集中核算形式，产品成本计算采用品种法。

2）公司基本生产成本明细账设置 3 个成本项目：直接材料、直接人工、制造费用。

3）生产不同产品共同耗用同一种材料，按定额耗用量比例分配。

4）车间生产工人工资按产品生产工时比例在产品间进行分配。

5）基本生产车间单独设账核算制造费用，按照产品生产工时比例分配。

6）辅助生产车间不单独设账核算制造费用。

7）辅助生产费用采用直接分配法予以分配。

8）月末在产品成本采用约当产量法计算，完工程度均为 50%，产品所耗原材料均为开工时一次投入。

（9）应交税费核算基本规定

1）增值税。本公司为增值税一般纳税人，税率为 17%。公司在采购与销售过程中所支付的运费，可根据运输部门的发票，以 7% 的扣除率计算增值税的进项税额并予以扣除。

2）企业所得税。本公司的企业所得税税率为 25%，其会计核算采用资产负债表债务法。

3）个人所得税。公司职工应负担的个人所得税由公司代扣代缴。

4）其他税金及附加。公司涉及营业税的应税行为或活动适用税率为 5%，城市维护建设税按流转税税额的 7% 计算，教育费附加按流转税税额的 3% 计算。

（10）利润及利润分配核算基本规定

公司董事会决议通过的 2011 年利润分配方案：①年末按净利润的 10% 提取法定盈余公积，按 5% 提取任意盈余公积；②向投资者分配利润的比例和形式由公司董事会提出预案，交由股东大会审议通过。

（11）其他

计算中要求精确到小数点后 4 位，尾差按业务需要进行调整。

（三）2011 年 12 月 1 日期初余额及相关资料

1）总分类账及其明细分类账户期初余额明细资料见表 9-4。

表 9-4　总分类账及其明细分类账户期初余额表　　　　　　　　　　　单位：元

总账账户	二级账户	明细账户	余额方向	期初余额
库存现金			借	4 500.00
银行存款			借	357 946.00
其他货币资金			借	86 856.00
		存出投资款	借	86 856.00
交易性金融资产			借	10 000.00
		债券投资	借	10 000.00
应收票据			借	80 000.00
		鼎新公司	借	60 000.00
		景宏公司	借	20 000.00
应收账款			借	102 000.00
		顺发公司	借	78 000.00
		广美公司	借	4 000.00
		西陆公司	借	20 000.00
坏账准备			贷	1 000.00
预付账款			借	45 000.00
		襄亚公司	借	45 000.00
其他应收款			借	10 300.00
		张铭	借	3 000.00
		书报费	借	1 200.00
		保险费	借	6 100.00

总账账户	二级账户	明细账户	余额方向	期初余额
原材料			借	157 000.00
	原料及主料		借	148 000.00
		苯胺	借	140 000.00
		亚硝酸钠	借	8 000.00
	其他材料		借	9 000.00
		修理用配件	借	9 000.00
周转材料			借	8 750.00
		包装物	借	3 000.00
		低值易耗品	借	5 750.00
库存商品			借	118 500.00
		PAC	借	85 000.00
		PCG	借	33 500.00
材料成本差异			借	740.00
		苯胺	借	640.00
		亚硝酸钠	借	100.00
长期股权投资			借	323 336.00
	晨光公司		借	323 336.00
		成本	借	300 000.00
		损益调整	借	23 336.00
持有至到期投资			借	100 000.00
	债券投资		借	100 000.00
		国库券	借	100 000.00
固定资产			借	6 240 000.00
累计折旧			贷	122 000.00
在建工程			借	400 000.00
	更新改造工程	厂房扩建工程	借	400 000.00
无形资产			借	600 000.00
		专利权	借	600 000.00
生产成本			借	102 628.00
	基本生产成本		借	102 628.00
		PAC	借	72 509.00
		PCG	借	30 119.00
短期借款			贷	100 000.00
应付票据			贷	50 000.00
	伊林公司		贷	50 000.00
应付账款			贷	130 000.00
	普达公司		贷	30 000.00

总账账户	二级账户	明细账户	余额方向	期初余额
		暂估应付款	贷	100 000.00
其他应付款			贷	17 716.00
		存入保证金	贷	1 000.00
		社会保险费	贷	8 756.00
		住房公积金	贷	7 960.00
应付利息			贷	672.00
应付股利			贷	100 000.00
应付职工薪酬			贷	133 886.00
		职工福利费	贷	73 650.00
		职工教育经费	贷	12 300.00
		工会经费	贷	15 300.00
		社会保险费	贷	24 676.00
		住房公积金	贷	7 960.00
应交税费			贷	73 350.00
		未交增值税	贷	20 000.00
		应交城建税	贷	1 400.00
		应交个人所得税	贷	1 750.00
		应交企业所得税	贷	49 600.00
		应交教育费附加	贷	600.00
长期借款			贷	1 500 000.00
		技术改造借款	贷	1 000 000.00
		厂房扩建借款	贷	500 000.00
股本			贷	5 000 000.00
		宏江市兴华实业有限公司	贷	2 000 000.00
		宏江市新星化工有限公司	贷	2 000 000.00
		张浩天	贷	1 000 000.00
资本公积			贷	73 972.00
盈余公积			贷	430 000.00
		法定盈余公积	贷	320 000.00
		任意盈余公积	贷	110 000.00
本年利润			贷	804 000.00
利润分配			贷	210 960.00
		未分配利润	贷	210 960.00

2）“原材料——原料及主料”期初余额明细资料见表 9-5。

表 9-5 "原材料——原料及主料"期初余额表   单位：元

名称	编号	计量单位	数量	计划单价	金额
苯胺	C01	吨	28	5 000.00	140 000.00
亚硝酸钠	C02	吨	20	400.00	8 000.00
合计					148 000.00

3）"库存商品"期初余额明细资料见表 9-6。

表 9-6 "库存商品"期初余额表   单位：元

名称	编号	计量单位	数量	单位成本	金额
PAC	C01	吨	10	8 500.00	85 000.00
PCG	C02	吨	5	6 700.00	33 500.00
合计					118 500.00

4）"固定资产"期初余额明细资料见表 9-7。

表 9-7 "固定资产"期初余额表   单位：元

使用部门	固定资产月初原值		合计
	房屋建筑物	机器设备	
加工车间	800 000.00	3 950 000.00	4 750 000.00
机修车间	40 000.00	10 000.00	50 000.00
供水车间	10 000.00	50 000.00	60 000.00
管理部门	1 000 000.00	200 000.00	1 200 000.00
销售部门	100 000.00	10 000.00	110 000.00
职工食堂	40 000.00	10 000.00	50 000.00
对外出租		20 000.00	20 000.00
合计	1 990 000.00	4 250 000.00	6 240 000.00

5）"生产成本——基本生产成本"期初余额明细资料见表 9-8。

表 9-8 "生产成本——基本生产成本"期初余额表   单位：元

产品名称	计量单位	数量	成本项目			合计
			直接材料	直接人工	制造费用	
PAC	吨	10	58 786.00	7 820.00	5 903.00	72 509.00
PCG	吨	6	22 816.00	3 483.00	3 820.00	30 119.00
合计						102 628.00

6）本月产品生产情况见表 9-9。

表 9-9 本月产品生产情况

产品名称	计量单位	期初在产品数量	本月投入数量	本月完工数量	月末在产品数量
PAC	吨	10	30	32	8
PCG	吨	6	20	18	8

7）单位产品原材料消耗定额资料如下。

① 每吨 PAC 产品生产需耗用苯胺 1 吨，亚硝酸钠 0.5 吨。

② 每吨 PCG 产品生产需耗用苯胺 0.5 吨，亚硝酸钠 1.5 吨。

③ 每吨 PAC（或 PCG）产品需使用 4 条编织袋。

8）本月产品生产工时资料见表 9-10。

表 9-10　本月产品生产工时资料

产品名称	PAC	PCG
生产工时/小时	3 000	2 000

（四）财务报表资料

1）公司资产负债表有关项目的年初数、11 月 30 日期末数见表 9-11。

表 9-11　资产负债表

11 月 30 日

资产项目	年初数	期末数	负债及所有者权益项目	年初数	期末数
货币资金	387 000.00	449 302.00	短期借款	10 000.00	100 000.00
交易性金融资产	90 000.00	10 000.00	应付票据	24 500.00	50 000.00
应收票据	10 000.00	80 000.00	应付账款	17 500.00	1 30 000.00
应收账款	179 100.00	101 000.00	应付利息		672.00
预付款项		45 000.00	其他应付款		17 716.00
其他应收款	4 125.00	10 300.00	应付职工薪酬	152 900.00	133 886.00
存货	136 000.00	387 618.00	应交税费	127 100.00	73 350.00
持有至到期投资		100 000.00	应付股利	288 600.00	100 000.00
长期股权投资	150 000.00	323 336.00			
固定资产原价	4 650 000.00	6 240 000.00	长期借款	1 000 000.00	1 500 000.00
减：累计折旧	95 000.00	122 000.00	实收资本（或股本）	5 000 000.00	5 000 000.00
固定资产净值	4 555 000.00	6 118 000.00	资本公积	20 000.00	73 972.00
在建工程	1 000 000.00	400 000.00	盈余公积	430 000.00	430 000.00
无形资产	634 375.00	600 000.00	未分配利润	75 000.00	1 014 960.00
资产合计	7 145 600.00	8 624 556.00	负债及所有者权益总计	7 145 600.00	8 624 556.00

2）"利润表"有关项目的上年实际数与本年 1～11 月累计数见表 9-12。

表 9-12　"利润表"有关项目的上年实际数与本年 1～11 月累计数

项目	上年数	1～11 月累计数
主营业务收入	4 630 000.00	5 000 000.00
主营业务成本	2 974 000.00	3 200 000.00
营业税金及附加	9 200.00	5 000.00
其他业务利润	17 800.00	18 200.00
销售费用	168 000.00	182 010.00
管理费用	362 000.00	391 230.00
财务费用	14 600.00	12 000.00
投资收益	60 600.00	52 040.00
营业外收入	1 500.00	2 000.00
营业外支出	81 000.00	82 000.00
所得税费用	382 700.00	396 000.00

(五) 2011 年 12 月经济业务

1) 12 月 1 日,因发票未到,将上月从伊林公司购入的苯胺 20 吨(暂估入库的原材料)冲回(提示:查询 11 月产品入库单)。

2) 12 月 1 日,从南广市兴芜公司购买亚硝酸钠 30 吨,每吨 410 元,计 12 300 元,增值税税额 2 091 元,运杂费 1 200 元,其中运费 1 000 元,价税费合计 15 591 元。款已付,料入库。原始凭证见凭证 9-1 $\frac{1}{6}$ ~ 凭证 9-1 $\frac{6}{6}$ (提示:增值税专用发票、运费发票、收料单、托收凭证)。

3) 12 月 1 日,以银行承兑汇票支付上月向伊林公司购入已入库的苯胺 20 吨,每吨 5 200 元,计 104 000 元,增值税税额 17 680 元,运杂费 1 500 元,其中运费 1 200 元。原始凭证见凭证 9-2 $\frac{1}{5}$ ~ 凭证 9-2 $\frac{5}{5}$ (提示:增值税专用发票、运费发票、银行承兑汇票)。

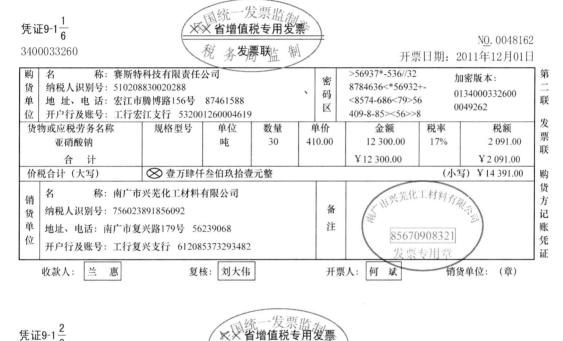

凭证9-1 $\frac{3}{6}$

××省南广市公路运输业统一发票
发票联

NO.241063

托运单位：南广捷运公司　　　　车属单位：南广捷运公司　　　　　牌照号：

发货单位	南广市兴芜化工材料公司		地址	南广市复兴路179号	电话	56239068	装货地点	
收货单位	赛斯特科技有限责任公司		地址	宏江市腾博路156号	电话	87461588	卸货地点	
付款单位	赛斯特科技有限责任公司		地址	宏江市腾博路156号	电话	87461588	发票单号	
货物名称	件数	重量	包装	运费金额	其他收费费用			
					费目		金额	
亚硝酸钠		30吨		1 000.00	杂费		200.00	

合计人民币（大写）　壹仟贰佰元整　￥1 200.00

开票单位盖章：　　　　　　　　开票人：　张　海　　　　　　2011年12月01日

凭证9-1 $\frac{4}{6}$

××省南广市公路运输业统一发票
抵扣联

NO.241063

托运单位：南广捷运公司　　　　车属单位：南广捷运公司　　　　　牌照号：

发货单位	南广市兴芜化工材料公司	地址	南广市复兴路179号	电话	56239068	装货地点	
收货单位	赛斯特科技有限责任公司	地址	宏江市腾博路156号	电话	87461588	卸货地点	
付款单位	赛斯特科技有限责任公司	地址	宏江市腾博路156号	电话	87461588	发票单号	
货物名称	件数	重量	包装	运费金额	其他收费费用		
					费目		金额
亚硝酸钠		30吨		1 000.00	杂费		200.00

合计人民币（大写）　壹仟贰佰元整　￥1 200.00

开票单位：（盖章）　　　　　　　开票人：　张　海　　　　　　2011年12月01日

凭证9-1 $\frac{5}{6}$

收 料 单

供货单位：南广市兴芜化工材料公司　　　　　　　　　　凭证编号：

发票编号：0048162　　　　　2011 年 12 月 01 日　　　　收料仓库：材料物资仓库

类别	编号	名称	规格	单位	数量		实际成本				计划成本	
					应收	实收	单价	金额	运杂费	合计	单位成本	金额
	C02	亚硝酸钠		吨	30	30	410.00	12 300.00	1 130.00	13 430.00	400.00	12 000.00

主管：鲁新民　　　记账：顾笑笑　　　仓库保管：张维光　　　经办人：李乐乐

凭证9-1 $\frac{6}{6}$

托收凭证（付款通知）5

NO: 20111378　　　　委托日期　　2011年12月01日

业务类型		委托收款（☑邮划，□电划）			托收承付（□邮划，□电划）			
付款人	全称	赛斯特科技有限责任公司			收款人	全称	南广市兴芜化工材料有限公司	
	账号	532001260004619				账号	612085373293482	
	地址	××省宏江 市/县	开户行	工行宏江支行		地址	××省南广 市/县	开户行	工行复兴支行

金额	人民币（大写）	壹万伍仟伍佰玖拾壹元整	千	百	十	万	千	百	拾	元	角	分
						¥	1	5	5	9	1	0	0

款项内容	货款	托收凭证名称	发票	附寄单据张数	3

备注：
付款人开户
银行收到日期
2011年12月01日
复核　　　记账

（工商银行 宏江支行 2011.12.01 受理）

付款人开户银行签章
2011年12月01日

此联是付款人开户银行给付款人按期付款的通知

付款人注意：
1. 根据支付结算办法规定，上列托收款项，如超过承付期限未提出拒付，即视同全部承付。以此联代付款通知。
2. 如系全部或部分拒付，应在承付期限内另填拒绝承付理由书送银行办理。

凭证9-2 $\frac{1}{5}$

3200031160

××省增值税专用发票

发票联

NO. 02973019
开票日期：2011年12月01日

购货单位	名　称：赛斯特科技有限责任公司 纳税人识别号：510208830020288 地址、电话：宏江市腾博路156号　87461588 开户行及账号：工行宏江支行　532001260004619	密码区	3989347<>9/-38>8 +45-<67*04<35785 <56*><4609321456 >>*634265012>+-8	加密版本： 013200031160 02130226
货物或应税劳务名称	规格型号　单位　数量　单价		金额	税率	税额
苯胺	吨　20　5 200.00		104 000.00	17%	17 680.00
合　计			¥104 000.00		¥17 680.00
价税合计（大写）	⊗ 壹拾贰万壹仟陆佰捌拾元整			（小写）¥121 680.00
销货单位	名　称：大元伊林化工集团有限公司 纳税人识别号：635289651437856 地址、电话：大元市江夏路169号　75268153 开户行及账号：工行江夏支行　4635978215635498	备注	(大元伊林化工集团有限公司 31538760982 发票专用章)	

收款人：刘林　　复核：高梅　　开票人：于林　　销货单位：（章）

第二联　发票联　购货方记账凭证

凭证9-2 $\frac{2}{5}$

3200031160

××省增值税专用发票

抵扣联

NO. 02973019
开票日期：2011年12月01日

购货单位	名　称：赛斯特科技有限责任公司 纳税人识别号：510208830020288 地址、电话：宏江市腾博路156号　87461588 开户行及账号：工行宏江支行　532001260004619	密码区	3989347<>9/-38>8 +45-<67*04<35785 <56*><4609321456 >>*634265012>+-8	加密版本： 013200031160 02130226
货物或应税劳务名称	规格型号　单位　数量　单价		金额	税率	税额
苯胺	吨　20　5 200.00		104 000.00	17%	17 680.00
合　计			¥104 000.00		¥17 680.00
价税合计（大写）	⊗ 壹拾贰万壹仟陆佰捌拾元整			（小写）¥121 680.00
销货单位	名　称：大元伊林化工集团有限公司 纳税人识别号：635289651437856 地址、电话：大元市江夏路169号　75268153 开户行及账号：工行江夏支行　4635978215635498	备注	(大元伊林化工集团有限公司 31538760982 发票专用章)	

收款人：刘林　　复核：高梅　　开票人：于林　　销货单位：（章）

第三联　抵扣联　购货方抵扣凭证

凭证9-2 3/5

××省大元市公路运输业统一发票

发票联

NO.151073

托运单位：大元顺捷物流公司　　车属单位：大元顺捷物流公司　　　　牌照号：

发货单位	大元伊林化工集团有限公司	地址	大元市江夏路169号	电话	75268153	装货地点		
收货单位	赛斯特科技有限责任公司	地址	宏江市腾博路156号	电话	87461588	卸货地点		
付款单位	赛斯特科技有限责任公司	地址	宏江市腾博路156号	电话	87461588	发票单号		

货物名称	件数	重量	包装	运费金额	其他收费费用		
						费目	金额
苯胺		20吨		1 200.00		杂费	300.00
合计人民币（大写）		壹仟伍佰元整		￥1 500.00			

开票单位盖章：　　　　　　开票人：张海　　　　　　　2011年12月01日

凭证9-2 4/5

××省大元市公路运输业统一发票

抵扣联

NO.151073

托运单位：大元顺捷物流公司　　车属单位：大元顺捷物流公司　　　　牌照号：

发货单位	大元伊林化工集团有限公司	地址	大元市江夏路169号	电话	75268153	装货地点		
收货单位	赛斯特科技有限责任公司	地址	宏江市腾博路156号	电话	87461588	卸货地点		
付款单位	赛斯特科技有限责任公司	地址	宏江市腾博路156号	电话	87461588	发票单号		

货物名称	件数	重量	包装	运费金额	其他收费费用		
						费目	金额
苯胺		20吨		1 200.00		杂费	300.00
合计人民币（大写）		壹仟伍佰元整		￥1 500.00			

开票单位盖章：　　　　　　开票人：张海　　　　　　　2011年12月01日

凭证9-2 5/5

银行承兑汇票（存根）　4

签发日期：贰零壹壹年壹拾贰月零壹日　　　　第09585102号

申请人	全称	赛斯特科技有限责任公司	收款人	全称	大元伊林化工集团有限公司										
	账号	532001260004619		账号	4635978215635498										
	开户银行	工行宏江支行　行号		开户银行	工行江夏支行　行号										
汇票金额	人民币（大写）	壹拾贰万参仟壹佰捌拾元整				千	百	十	万	千	百	十	元	角	分
							￥	1	2	3	1	8	0	0	0
汇票到期日		2012年03月01日													
备注			承兑协议编号	210089	交易合同号码	0112									
			负责　　　经办												

此联签发人存查

4）12月2日，从天天文具购入办公用品一批895元，办公室领用。原始凭证见

凭证 9-3 $\frac{1}{2}$ 和凭证 9-3 $\frac{2}{2}$（提示：发票、转账支票存根）。

凭证 9-3 $\frac{1}{2}$

××省宏江市国家税务局通用手工发票

发票代码　151012198003
发票号码　06183216

付款单位：赛斯特科技有限责任公司

2011年12月02日

项目内容	金　额					备　注
	百	十	元	角	分	
办公用品	8	9	5	0	0	
合计人民币（大写）捌佰玖拾伍元整	8	9	5	0	0	

第二联　发票联

收款单位名称：
收款单位税号：

开票人：　王　惠

凭证 9-3 $\frac{2}{2}$

中国工商银行转账支票

中国工商银行
转账支票存根
IV V286640

科　　目：
对方科目：
出票日期：2011 年 12 月 02 日

收款人：天天文具
金　额：￥895.00
用　途：办公用品费

单位主管　　　　　会计

　5) 12月2日，与昌盛公司签定 PAC 产品订货合同 20 吨，昌盛公司预付货款310 000 元已存入存款户。原始凭证见凭证 9-4 $\frac{1}{2}$ 和凭证 9-4 $\frac{2}{2}$（提示：收款收据、信汇凭证）。

凭证 9-4 $\frac{1}{2}$

收款收据

第二联：交款

NO.2314586

2011年12月02日

今收到	西源市昌盛公司		
人民币	叁拾壹万元整	￥310 000.00	赛斯特科技有限责任公司财务专用章
系　付	预付货款		

单位盖章：　　　　会计：王凤梧　　　出纳：张岩　　　经手人：王　刚

凭证9-4 $\frac{2}{2}$

中国工商银行信汇凭证（收账通知） 4　　　　　　第2638号

委托日期：2011年12月02日　　　　　　　　　　　应解汇款编号

汇款人	全称	西源市昌盛公司	收款人	全称	赛斯特科技有限责任公司										此联给收款人的收账通知
	账号或住址	2672569802438612		账号或住址	532001260004619										
	汇出地点	××省西源 市县	汇出行名称	工行曙光支行		汇入地点	××省宏江 市县		汇入行名称		工行宏江支行				
金额	人民币（大写）	叁拾壹万元整					千	百	十	万	千	百	十	元 角 分	
								¥	3	1	0	0	0	0 0 0	

汇款用途：购PAC产品预付款

留行待取预留
收款人印鉴

款项已收入收款人账户。
宏江支行章
2806
汇入行盖章
2011年12月02日

款项已收妥。
赛斯特科技有限责任公司章
收款人盖章
2011年12月02日

科目（借）_____
对方科目（贷）_____
汇入行解汇日期　2011年12月02日
复核　　　　出纳
记账

6）12月3日，从安联劳保用品公司购入工作防护服980元，分发给车间工人。原始凭证见凭证9-5 $\frac{1}{2}$ 和凭证9-5 $\frac{2}{2}$（提示：转账支票存根、发票）。

凭证9-5 $\frac{1}{2}$

××省宏江市国家税务局通用手工发票

××省宏江市
国家税务局监制

发票代码 151011072003
发票号码 05183217

付款单位：赛斯特科技有限责任公司　　　　　　　　　2011年12月03日

项目内容	金额					备注	第二联 发票联
	百	十	元	角	分		
防护服	9	8	0	0	0		
合计人民币（大写）玖佰捌拾元整	9	8	0	0	0		

收款单位名称：
收款单位税号：

开票人：刘 梅

凭证9-5 $\frac{2}{2}$

中国工商银行转账支票

中国工商银行
转账支票存根
Ⅳ V286641

科　　目：
对方科目：
出票日期：2011 年 12 月 03 日

收款人：安联劳保用品公司
金　额：¥980.00
用　途：购工作防护服

单位主管　　　　　　会计

7）12月3日，支付宏江市飞扬广告有限公司广告费 5 000 元。原始凭证见凭证 9-6 $\frac{1}{2}$ 和凭证 9-6 $\frac{2}{2}$（提示：发票、转账支票存根）。

凭证 9-6 $\frac{1}{2}$

××省宏江市地方税务局通用手工发票

发票代码 168011072003
发票号码 08169217
验 证 码 36287836

付款单位：赛斯特科技有限责任公司

项 目 内 容	金 额						备 注
	千	百	十	元	角	分	
广告费	5	0	0	0	0	0	
合计人民币（大写）　伍仟元整	5	0	0	0	0	0	

收款单位名称：
收款单位税号：

开票人：王 刚　　　2011年12月03日

第一联 发票联

凭证 9-6 $\frac{2}{2}$

中国工商银行转账支票

中国工商银行
转账支票存根
IV V286642

科　　目：
对方科目：
出票日期：2011 年 12 月 03 日

收款人：宏江市飞扬广告有限公司
金　额：￥5 000.00
用　途：广告费

单位主管　　　　会计

8）12月3日，销售部、管理部门分别领用苯胺 1 吨、0.5 吨。原始凭证见凭证 9-7 $\frac{1}{2}$ 和凭证 9-7 $\frac{2}{2}$（提示：领料单）。

凭证 9-7 $\frac{1}{2}$

领 料 单

领料单位：销售部　　　　2011 年 12 月 03 日　　　　发料第 1 号

类别	编号	名称	规格	单位	数量		单价	金额
					请领	实发		
	C01	苯胺		吨	1	1	5 000	5 000.00
用途					领料部门		发料部门	
					负责人	领料人	核准人	发料人
						金鑫		张维光

主管：张 萌　　　记账：顾笑笑　　　仓库保管：张维光　　　经办人：金 鑫

凭证 9-7 $\frac{2}{2}$

领 料 单

领料单位：管理部门　　　　　　　2011 年 12 月 03 日　　　　　　　发料第　2　号

类别	编号	名称	规格	单位	数量		单价	金额
					请领	实发		
	C01	苯胺		吨	0.5	0.5	5 000	2 500.00

用途		领料部门		发料部门	
		负责人	领料人	核准人	发料人
					张维光

主管：孙 芸　　　记账：顾笑笑　　　仓库保管：张维光　　　经办人：王 阳

9）12 月 3 日，运输车间货车发生故障，支付宏江市奔腾汽修厂车辆维修费 5 000 元。原始凭证见凭证 9-8 $\frac{1}{3}$～凭证 9-8 $\frac{3}{3}$（提示：增值税专用发票、转账支票存根）。

凭证 9-8 $\frac{1}{3}$

×× 省增值税专用发票

发票联

NO.00390786

5600032908　　　　　　　　　　　　　　　　　　　　　　开票日期：2011 年 12 月 03 日

购货单位	名　称：赛斯特科技有限责任公司 纳税人识别号：510208830020288 地址、电话：宏江市腾博路156号　87461588 开户行及账号：工行宏江支行　532001260004619	密码区	9063347<>9/-38>8 +45-<67*04<35785 <56*><4609321456 >>*634265012>+-8	加密版本： 560003290802 00390786
货物或应税劳务名称 修理费	规格型号　单位　数量　单价		金额 4 273.50	税率 17% 税额 726.50
合　计			¥ 4 273.50	¥ 726.50
价税合计（大写）	⊗ 伍仟元整			（小写）¥ 5 000.00
销货单位	名　称：宏江市奔腾汽车修理厂 纳税人识别号：61530960986 地址、电话：宏江市沭阳路289号　87268157 开户行及账号：工行沭阳支行　690787620125385	备注	61530960986 发票专用章	

第二联　发票联　购货方记账凭证

凭证 9-8 $\frac{2}{3}$

×× 省增值税专用发票

抵扣联

NO.00390786

5600032908　　　　　　　　　　　　　　　　　　　　　　开票日期：2011 年 12 月 03 日

购货单位	名　称：赛斯特科技有限责任公司 纳税人识别号：510208830020288 地址、电话：宏江市腾博路156号　87461588 开户行及账号：工行宏江支行　532001260004619	密码区	9063347<>9/-38>8 +45-<67*04<35785 <56*><4609321456 >>*634265012>+-8	加密版本： 560003290802 00390786
货物或应税劳务名称 修理费	规格型号　单位　数量　单价		金额 4 273.50	税率 17% 税额 726.50
合　计			¥ 4 273.50	¥ 726.50
价税合计（大写）	⊗ 伍仟元整			（小写）¥ 5 000.00
销货单位	名　称：宏江市奔腾汽车修理厂 纳税人识别号：61530960986 地址、电话：宏江市沭阳路289号　87268157 开户行及账号：工行沭阳支行　690787620125385	备注	61530960986 发票专用章	

第三联　抵扣联　购货方抵扣凭证

凭证 9-8 $\frac{3}{3}$

中国工商银行转账支票

> **中国工商银行**
> **转账支票存根**
> **IV V286643**
>
> 科　　目：
> 对方科目：
> 出票日期：2011 年 12 月 03 日
>
> | 收款人：宏江市奔腾汽修厂 |
> | --- |
> | 金　额：¥5 000.00 |
> | 用　途：修理费 |
>
> 单位主管　　　　　　会计

10）12 月 4 日，提现 3 000 元备用。原始凭证见凭证 9-9（提示：现金支票存根）。

凭证 9-9

中国工商银行现金支票存根

> **中国工商银行**
> **转账支票存根**
> **IV V287390**
>
> 科　　目：
> 对方科目：
> 出票日期：2011 年 12 月 04 日
>
> | 收款人：赛斯特科技有限责任公司 |
> | --- |
> | 金　额：¥3 000.00 |
> | 用　途：备用金 |
>
> 单位主管　　　　　　会计

11）12 月 4 日，采用网银转账方式偿还前欠普达公司部分购货款 10 000 元。原始凭证见凭证 9-10 $\frac{1}{2}$ 和凭证 9-10 $\frac{2}{2}$（提示：付款申请单、银行回单）。

凭证 9-10 $\frac{1}{2}$　　　　　　　　　　　　　**公司付款申请单**

部门：采购部　　　　　　　　　经办人：李乐乐　　　　　　　　2011 年 12 月 04 日

申请付款事由	偿还部分购货款	部门审核	质量合格，同意付款。 吴用 2011.12.04
收款单位名称	普达公司		
预计结算金额	¥10 000.00	财务审核	同意付款。 鲁新民 2011.12.04
结算方式	网银转账		
备注			

会计主管：鲁新民　　　　　稽核：王凤梧　　　　　出纳：张岩

凭证9-10$\frac{2}{2}$　　　　　　　　　网银国内跨行小额汇款凭证

网银业务编号：5600000827878309　渠道编号：CBTT536812016163　业务类型：C200汇兑
发起行行号：104651003017　汇款人开户行行号：104651003017　汇出行委托日期：2011/12/04
汇款人开户行名称：工行宏江支行
汇款人账号：532001260004619
汇款人名称：赛斯特科技有限责任公司
接收行行号：354651016258　收款人开户行行号：354651016258　汇出行经办日期：2011/12/04
收款人开户行名称：××省宏江中行城南支行
收款人账号：532001271093427
收款人名称：普达公司
汇款币种、金额：CNY 10 000.00
大写金额：壹万元整
手续费币种、金额：CNY 0.50
大写金额：伍角整
电子汇划费币种、金额：CNY 2.50
大写金额：贰元伍角整
附言：货款
摘要：

此联为客户回单　自助设备打印，注意避免重复　自助打印次数：1　银行盖章

打印时间：

　　12）12月4日，人力资源部张红卫出差借款1 000元，以现金支付。原始凭证见凭证9-11（提示：借款单）。

凭证9-11　　　　　　　　　　　　　　借　款　单

2011年12月04日

借款人姓名	张红卫	部门	人力资源部
借款金额	人民币（大写）壹仟元整	￥1 000.00	现金付讫
借款理由	出差		
批准人	秦云潇	归还时间	

　　13）12月4日，销售部金鑫到财务部领取定额备用金2 000元，以现金支付。原始凭证见凭证9-12（提示：借款单）。

凭证9-12　　　　　　　　　　　　　　借　款　单

2011年12月04日

借款人姓名	金鑫	部门	销售部
借款金额	人民币（大写）贰仟元整	￥2 000.00	现金付讫
借款理由		定额备用金	
批准人	秦云潇	归还时间	

　　14）12月5日，加工车间投产18吨PAC产品和14吨PCG产品，领用苯胺25吨、亚硝酸钠30吨、编织袋128条，计256元。原始凭证见凭证9-13$\frac{1}{4}$～凭证9-13$\frac{4}{4}$（提示：领料单、费用分配表）。

凭证 9-13 $\frac{1}{4}$

领　料　单

领料单位：加工车间　　　　　　　　2011 年 12 月 05 日　　　　　　___发料第__4__号

类别	编号	名称	规格	单位	数量		单价	金额
					请领	实发		
	C01	苯胺		吨	25	25	5 000	125 000.00
	C02	亚硝酸钠		吨	30	30	400	12 000.00
		编织袋		条	128	128	2	256.00

用途	生产产品	领料部门		发料部门	
		负责人	领料人	核准人	发料人
					张维光

领料主管：杨力宇　　　会计：王凤梧　　　库管：张维光　　　领料人：高　洋

凭证 9-13 $\frac{2}{4}$　　　　　　　　　**苯胺费用分配表**

単位：元

分配对象	分配标准/吨	分配率	分摊额
PAC	18	每吨 PAC 产品生产需耗用苯胺 1 吨	90 000.00
PCG	14	每吨 PCG 产品生产需耗用苯胺 0.5 吨	35 000.00
合　　计			125 000.00

会计：王凤梧　　　　　复核：鲁新民　　　　　　制表：王凤梧

凭证 9-13 $\frac{3}{4}$　　　　　　　**亚硝酸钠费用分配表**

単位：元

分配对象	分配标准/吨	分配率	分摊额
PAC	18	每吨 PAC 产品生产需耗用亚硝酸钠 0.5 吨	3 600.00
PCG	14	每吨 PCG 产品生产需耗用亚硝酸钠 1.5 吨	8 400.00
合　　计			12 000.00

会计：王凤梧　　　　　复核：鲁新民　　　　　　制表：王凤梧

凭证 9-13 $\frac{4}{4}$　　　　　　　**编织袋费用分配表**

単位：元

分配对象	分配标准/吨	分配率	分摊额
PAC	18	每吨 PAC 产品需使用 4 条编织袋	144.00
PCG	14	每吨 PCG 产品需使用 4 条编织袋	112.00
合　计			256.00

会计：王凤梧　　　　　复核：鲁新民　　　　　　制表：王凤梧

15）12月5日，交纳上月增值税20 000元。原始凭证见凭证9-14（提示：税收缴款书、银行划转凭证）。

凭证9-14

中华人民共和国增值税税收缴款书

*国缴0538471号

注册类型：有限责任公司　　　填发日期：2011年12月05日　　　征收机关：宏江市国税局征管分局

缴款单位（人）	代　码	340208830020288		电话	87461588	预算科目	编　码			
	全　称	赛斯特科技有限责任公司					名　称			
	开户银行	工行宏江支行					级　次			
	账　号	532001260004619				收缴国库		市中心支库		
税款所属时期		2011年11月1日至2011年11月30日				税款限缴日期		2011年12月05日		
品目名称	课税数量		计税金额或销售收入		税率或单位税额	已缴或扣除额		实缴金额		
工业			150 000.00		17%	5 500.00		20 000.00		
金额合计（大写）：贰万元整								￥20 000.00		
缴款单位（人）（盖章）经办人（章）		税务机关（盖章）填发人（章）		上列款项已收妥并划转收款单位账户国库（银行）盖章　　2011年12月05日				备注：		

第一联（收据联）国库收款盖章后退缴款单位

16）12月5日，交纳上月城建税1 400元、教育费附加600元。原始凭证见凭证9-15 $\frac{1}{2}$ 和凭证9-15 $\frac{2}{2}$（提示：税收缴款书、银行划转凭证）。

凭证9-15 $\frac{1}{2}$

中华人民共和国城市维护建设税税收缴款书

*地缴0534632号

注册类型：有限责任公司　　　填发日期：2011年12月05日　　　征收机关：宏江市地税局征管分局

缴款单位（人）	代　码	340208830020288		电话	87461588	预算科目	编　码			
	全　称	赛斯特科技有限责任公司					名　称			
	开户银行	工行宏江支行					级　次			
	账　号	532001260004619				收缴国库		市中心支库		
税款所属时期		2011年11月1日至2011年11月30日				税款限缴日期		2011年12月05日		
品目名称	课税数量		计税金额或销售收入		税率或单位税额	已缴或扣除额		实缴金额		
增值税			20 000.00		7%			1 400.00		
金额合计（大写）：壹仟肆佰元整								￥1 400.00		
缴款单位（人）（盖章）经办人（章）		税务机关（盖章）填发人（章）		上列款项已收妥并划转收款单位账户国库（银行）盖章　　2011年12月05日				备注：		

第一联（收据联）国库收款盖章后退缴款单位

凭证9-15 $\frac{2}{2}$

中华人民共和国教育费附加税收缴款书

*地缴0534633号

注册类型：有限责任公司　　　　填发日期：2011年12月05日　　　征收机关：宏江市地税局征管分局

缴款单位（人）	代　码	340208830020288		电话	87461588	预算科目	编　码		国库收款
	全　称	赛斯特科技有限责任公司					名　称		
	开户银行	工行宏江支行					级　次		
	账　号	532001260004619				收缴国库	市中心支库		
税款所属时期	2011年11月1日至2011年11月30日					税款限缴日期　2011年12月05日			

品目名称	课税数量	计税金额或销售收入	税率或单位税额	已缴或扣除额	实缴金额
增值税		20 000.00	3%		600.00
金额合计（大写）：陆佰元整					￥600.00

17）12月5日，交纳上月个人所得税1 750元。原始凭证见凭证9-16（提示：税收缴款书、银行划转凭证）。

18）12月5日，申请取得银行汇票117 000元。原始凭证见凭证9-17 $\frac{1}{2}$ 和凭证9-17 $\frac{2}{2}$（提示：银行汇票申请书、银行汇票）。

凭证9-16

中华人民共和国个人所得税税收缴款书

*地缴0534634号

注册类型：有限责任公司　　　　填发日期：2011年12月05日　　　征收机关：宏江市地税局征管分局

缴款单位（人）	代　码	340208830020288		电话	87461588	预算科目	编　码		第一联（收据联）国库收款盖章后退缴款单位
	全　称	赛斯特科技有限责任公司					名　称		
	开户银行	工行宏江支行					级　次		
	账　号	532001260004619				收缴国库	市中心支库		
税款所属时期	2011年11月1日至2011年11月30日					税款限缴日期　2011年12月05日			

品目名称	课税数量	计税金额或销售收入	税率或单位税额	已缴或扣除额	实缴金额
工薪所得		25 000.00	5%		1 250.00
工薪所得		5 000.00	10%		500.00
金额合计（大写）：壹仟柒佰伍拾元整					￥1 750.00
缴款单位（人）（盖章）经办人（章）	税务机关（盖章）填发人（章）		上列款项已收妥并划转缴款单位账户国库（银行）盖章　2011年12月05日		备注：

凭证9-17 $\frac{1}{2}$

中国工商银行银行汇票申请书（存根）1

申请日期：2011年12月05日　　　　　　　　　　NO.01672

申请人	全　称	赛斯特科技有限责任公司	收款人	全　称	南京铸城机电公司										此联申请人留存
	账　号	532001260004619		账　号	1108020007546008										
	开户银行	工行宏江支行		开户银行	工行大厂营业部										
用　途	购买设备		代理付款行		工行南京市大厂支行										
汇票金额	人民币（大写）	壹拾壹万柒仟元整				千	百	十	万	千	百	十	元	角	分
							￥	1	1	7	0	0	0	0	0
备注：				科　目　_____ 对方科目　_____ 财务主管　复核　经办											

凭证9-17 $\frac{2}{2}$

银行汇票

付款期 壹个月	出票日期（大写）　　　贰零壹壹年壹拾贰月零伍日								汇票号码 第01672号	

收款人：南京铸城机电公司	账号：1108020007546008

出票金额（大写）	人民币　壹拾壹万柒仟元整										
实际结算金额	人民币（大写）	千	百	十	万	千	百	十	元	角	分
			￥	1	1	7	0	0	0	0	0

申请人：赛斯特科技有限责任公司		账号：532001260004619
出票行：工行宏江支行	行号：　99	
备注：购买设备		工商银行 ××省宏江支行 银行汇票专用章
复核：　　　　　经办：	复核：　　　　　记账：	

19）12月5日，向宏江市鼎新公司销售PCG产品5吨，售价10 000元/吨，金额50 000元，增值税税额8 500元，收到转账支票一张，送存银行进账。原始凭证见凭证9-18 $\frac{1}{3}$～凭证9-18 $\frac{3}{3}$（提示：增值税专用发票、银行进账单、发货单）。

凭证9-18 $\frac{1}{3}$

××省增值税专用发票

NO.0009082

3600054178	此联不作报销、扣税凭证使用	开票日期：2011年12月05日	第一联记账联销货方记账凭证

购货单位	名　　称：宏江市鼎新公司 纳税人识别号：540208871904362 地址、电话：宏江市北星路86号　83822652 开户行及账号：工行北星支行　532001260004618	密码区	273489<<67+64298-6248<> *49862*0987+>>7893508* 4239<<+*65982509	加密版本： 3600054178 0009082

货物或应税劳务名称	规格型号	单位	数量	单价	金额	税率	税额
PCG	C02	吨	5	10 000.00	50 000.00	17%	8 500.00
合　计					￥50 000.00		￥8 500.00

价税合计（大写）	伍万捌仟伍佰元整	（小写）￥58 500.00

销货单位	名　　称：赛斯特科技有限责任公司 纳税人识别号：510208830020288 地址、电话：宏江市腾博路156号　87461588 开户行及账号：工行宏江支行　532001260004619	备注	赛斯特科技有限责任公司 510208830020288 发票专用章

收款人：张岩	复核：顾笑笑	开票人：王凤梧	销货单位：（章）

凭证9-18 $\frac{2}{3}$

中国工商银行进账单（回单或收账通知）

进账日期：2011年12月05日　　　　　　　第　　号

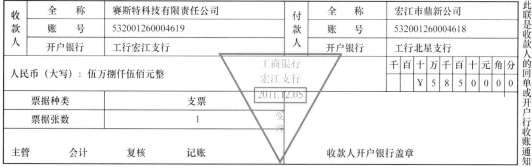

收款人	全　称	赛斯特科技有限责任公司	付款人	全　称	宏江市鼎新公司										
	账　号	532001260004619		账　号	532001260004618										
	开户银行	工行宏江支行		开户银行	工行北星支行										
人民币（大写）：伍万捌仟伍佰元整						千	百	十	万	千	百	十	元	角	分
								￥	5	8	5	0	0	0	0
票据种类		支票													
票据张数		1													
主管　　会计　　复核　　记账				收款人开户银行盖章											

此联是收款人的回单或开户行收账通知

凭证9-18 $\frac{3}{3}$

发 货 单

2011 年 12 月 05 日   第＿＿＿＿＿号

编号	名称	规格	单位	数量 要数	数量 实发	单价	金额	备注	
C02	PCG		吨	5	5	10 000.00	50 000.00		二 记 账 联
合 计							￥50 000.00		

记账：王凤梧   库管：于智强   制单：金鑫

20）12 月 8 日，从宏江市永进公司购入编织袋 500 条，每条 2 元，开出转账支票予以支付。原始凭证见凭证 9-19 $\frac{1}{4}$～凭证 9-19 $\frac{4}{4}$（提示：增值税专用发票、转账支票、收料单）。

21）12 月 8 日，将一张应收景宏公司的无息商业承兑汇票 10 000 元向银行贴现，扣除贴现息收到银行划转资金 9 850 元。原始凭证见凭证 9-20（提示：票据贴现凭证）。

凭证9-19 $\frac{1}{4}$

××省增值税专用发票

发票联

NO.0048162

3400034129   开票日期：2011 年 12 月 08 日

购货单位	名 称：赛斯特科技有限责任公司 纳税人识别号：340208830020288 地址、电话：宏江市长江路146号 87461588 开户行及账号：工行宏江支行 532001260004619	密码区	273489<<67+64298 -6248<>*49862*09 87+>>7893508*423 9<<+*65982509	加密版本： 3400034129 0048162	第二联 发票联 购货方抵扣凭证

货物或应税劳务名称	规格型号	单位	数量	单价	金额	税率	税额
编织袋		条	500	2.00	1 000.0	17%	170.00
合 计					￥1 000.00		￥170.00

价税合计（大写）	⊗壹仟壹佰柒拾元整	（小写）￥1 170.00

销货单位	名 称：宏江市永进公司 纳税人识别号：340221192736512 地址、电话：宏江市棠梅路32号 2815667 开户行及账号：工行棠梅支行 732001254892764	备注	宏江市永进公司 340221192736512 发票专用章

收款人：刘 莉   复核：曾 安   开票人：冯 辉   销货单位：（章）

凭证9-19 $\frac{2}{4}$

××省增值税专用发票

抵扣联

NO.0048162

3400034129   开票日期：2011 年 12 月 08 日

购货单位	名 称：赛斯特科技有限责任公司 纳税人识别号：340208830020288 地址、电话：宏江市长江路146号 87461588 开户行及账号：工行宏江支行 532001260004619	密码区	273489<<67+64298 -6248<>*49862*09 87+>>7893508*423 9<<+*65982509	加密版本： 3400034129 0048162	第三联 抵扣联 购货方抵扣凭证

货物或应税劳务名称	规格型号	单位	数量	单价	金额	税率	税额
编织袋		条	500	2.00	1 000.00	17%	170.00
合 计					￥1 000.00		￥170.00

价税合计（大写）	⊗壹仟壹佰柒拾元整	（小写）￥1 170.00

销货单位	名 称：宏江市永进公司 纳税人识别号：340221192736512 地址、电话：宏江市棠梅路32号 2815667 开户行及账号：工行棠梅支行 732001254892764	备注	宏江市永进公司 340221192736512 发票专用章

收款人：刘 莉   复核：曾 安   开票人：冯 辉   销货单位：（章）

凭证 9-19 $\frac{3}{4}$

中国工商银行转账支票存根

中国工商银行
转账支票存根
IV V286644

科　　目：

对方科目：

出票日期：2011 年 12 月 08 日

收款人：宏江市永进公司
金　　额：￥1 170.00
金　　额：货款

单位主管　　　　　　　　会计

凭证 9-19 $\frac{4}{4}$

收　料　单

供货单位：宏江市永进公司　　　　　　　　　　　　　　　　凭证编号：

发票编号：　　　　　　　　　2011 年 12 月 08 日　　　　　　收料仓库：材料物资仓库

类别	编号	名称	规格	单位	数量		实际成本				计划成本	
					应收	实收	单价	金额	运费	合计	单位成本	金额
		编织袋			500	500	2.00	1 000.00		1 000.00		

主管：李明朗　　　　记账：王凤梧　　　　库管：张维光　　　　经办人：李乐乐

凭证9-20　　　　　　　　　　**票据贴现凭证（收账通知）**　4

填写日期：2011年12月08日　　　　　　　　　　　NO：2416

申请人	全　　称	赛斯特科技有限责任公司	贴现汇票	种类及号码		商业承兑汇票														此联银行给贴现申请人的收账通知
	账　　号	532001260004619		出票日		2011 年 9 月 7 日														
	开户银行	工行宏江支行		到期日		2012 年 1 月 7 日														
汇票承兑人		景宏公司		账号	3489040876293857		开户银行		工行东郊分行											
汇票金额		人民币（大写）壹万元整					千	百	十	万	千	百	十	元	角	分				
										￥	1	0	0	0	0	0	0		
年贴现率		贴现利息				实付金额	千	百	十	万	千	百	十	元	角	分			
6%		150.00								￥	9	8	5	0	0	0			
上述款项已入你单位账户。银行盖章2011年12月08日				备注：															

（印章：工商银行宏江支行　2011.12.08　付讫）

22）12月8日，按照预购合同（本公司前已预付45 000元），寰亚公司把苯胺20吨发运到本公司，材料已验收入库。每吨4 900元，运杂费1 200元，余款尚未结清。原始凭证见凭证9-21 $\frac{1}{5}$～凭证9-21 $\frac{5}{5}$（提示：增值税专用发票、运费发票、收料单）。

凭证9-21 $\frac{1}{5}$

3400028556

××省增值税专用发票
发票联

NO. 02628845

开票日期：2011年12月08日

购货单位	名　　　称：赛斯特科技有限责任公司 纳税人识别号：510208830020288 地址、电话：宏江市腾博路156号　87461588 开户行及账号：工行宏江支行　532001260004619				密码区	56892*56873279898+ ><7398<<356987*457 259832+87 5-64-<<69 285>>*6430	加密版本： 3400028556 02628845

货物或应税劳务名称	规格型号	单位	数量	单价	金额	税率	税额
苯胺		吨	20	4 900.00	98 000.00	17%	16 660.00
合　计					￥98 000.00		￥16 660.00

价税合计（大写）	⊗ 壹拾壹万肆仟陆佰陆拾元整	（小写）￥114 660.00

销货单位	名　　　称：北陵市寰亚化工材料公司 纳税人识别号：323257389546621 地址、电话：北陵市大兴路256号　66281962 开户行及账号：工行大兴支行　3236158241692567	备注	北陵市寰亚化工材料公司 323257389546621 发票专用章

收款人：王　海　　　复核：周　梅　　　开票人：刘　平　　　销货单位：（章）

第二联　发票联　购货方记账凭证

凭证9-21 $\frac{2}{5}$

3400028556

××省增值税专用发票
抵扣联

NO. 02628845

开票日期：2011年12月08日

购货单位	名　　　称：赛斯特科技有限责任公司 纳税人识别号：510208830020288 地址、电话：宏江市腾博路156号　87461588 开户行及账号：工行宏江支行　532001260004619				密码区	56892*56873279898+ ><7398<<356987*457 259832+875-64-<<69 285>>*6430	加密版本： 3400028556 02628845

货物或应税劳务名称	规格型号	单位	数量	单价	金额	税率	税额
苯胺		吨	20	4 900.00	98 000.00	17%	16 660.00
合　计					￥98 000.00		￥16 660.00

价税合计（大写）	⊗ 壹拾壹万肆仟陆佰陆拾元整	（小写）￥114 660.00

销货单位	名　　　称：北陵市寰亚化工材料公司 纳税人识别号：323257389546621 地址、电话：北陵市大兴路256号　66281962 开户行及账号：工行大兴支行　3236158241692567	备注	北陵市寰亚化工材料公司 323257389546621 发票专用章

收款人：王　海　　　复核：周　梅　　　开票人：刘　平　　　销货单位：（章）

第三联　抵扣联　购货方抵扣凭证

凭证9-21 $\frac{3}{5}$

××省北陵市公路运输业统一发票
发票联

NO. 541078

托运单位：北陵顺丰物流公司　　　车属单位：北陵顺丰物流公司　　　牌照号：

发货单位	寰亚公司	地　址	北陵市大兴路256号	电话	66281962	装货地点	
收货单位	赛斯特公司	地　址	宏江市腾博路156号	电话	87461588	卸货地点	
付款单位	赛斯特公司	地　址	宏江市腾博路156号	电话	87461588	发票单号	

货物名称	件数	重量	包装	运费金额	其他收费费用	
					费目	金额
苯胺		20吨		1 000.00	装卸费	200.00
合计人民币（大写）	壹仟贰佰元整　￥1 200.00					

北陵顺丰物流公司
67259569028
发票专用章

开票单位盖章：　　　　　　开票人：张　海　　　　　　2011年12月08日

××省北陵市公路运输业统一发票

凭证9-21 $\frac{4}{5}$

抵扣联

税务局监制

托运单位：北陵顺丰物流公司　　　　　车属单位：北陵顺丰物流公司　　　　　牌照号：　　　　　NO.541078

发货单位	赛亚公司	地 址	北陵市大兴路256号	电 话	66281962	装货地点	
收货单位	赛斯特公司	地 址	宏江市腾博路156号	电 话	87461588	卸货地点	
付款单位	赛斯特公司	地 址	宏江市腾博路156号	电 话	87461588	发票单号	

货物名称	件 数	重 量	包 装	运费金额	其他收费费用	
					费目	金额
苯胺		20吨		1 000.00	装卸费	200.00
合计人民币（大写）		壹仟贰佰元整　　￥1 200.00				

开票单位盖章：　　　　　　　　开票人：张 海　　　　　　　　2011年12月08日

凭证9-21 $\frac{5}{5}$

收 料 单

供货单位：北陵赛亚化工材料公司　　　　　　　　　　凭证编号：
发票编号：　　　　　　　　2011年12月08日　　　　　收料仓库：材料物资仓库

类别	编号	名称	规格	单位	数量		实际成本				计划成本	
					应收	实收	单价	金额	运费	合计	单位成本	金额
	C01	苯胺		吨	20	20	4 900.00	98 000.00	1 130.00	99 130.00	5 000	100 000.00

主管：　　记账：王凤梧　　　仓库保管：张维光　　　经办人：李乐乐

　　23）12月9日，因质量与合同不符，鼎新公司退回本月所购的PCG产品1吨，已验收入库，价税合计11 700元已退付给对方。原始凭证见凭证9-22 $\frac{1}{5}$～凭证9-22 $\frac{5}{5}$（提示：红字增值税专用发票、转账支票存根、产品入库单、红字专用发票申请单）。

凭证9-22 $\frac{1}{5}$

开具红字增值税专用发票申请单

填开日期：2011年12月08日　　　　　　　　　　　　　　　　　　　　NO.20111208001

销售方	名　称	赛斯特科技有限责任公司		购买方	名　称	宏江市鼎新公司		
	税务登记证代码	89067532018			税务登记证代码	87698767876		
用开发具票红内字容专	货物（劳务）名称	数量	单价		金额		税率	税额
	PCG	-1	10 000		-10 000		17%	-1 700
	合计	……	……		￥-10 000		……	￥-1 700
说 明	一、购买方申请　☑ 对应蓝字专用发票抵扣增值税销项税额情况： 　　1.已抵扣 □ 　　2.未抵扣 □ 　　（1）无法认证 □ 　　（2）纳税人识别号认证不符 □ 　　（3）增值税专用发票代码、号码认证不相符 □ 　　（4）所购货物不属于增值税抵扣项目范围 □ 　　　　对应蓝字专用发票密码区内打印的代码：———————— 　　　　　　　　　　　　　　号码：———————— 二、销售方申请 □ 　　（1）因开票有误购买方拒收的 □ 　　（2）因开具有误等原因尚未交付的 □ 　　　　对应蓝字专用发票密码区内打印的代码：———————— 　　　　　　　　　　　　　　号码：———————— 开具红字专用发票理由：货物质量不符合我公司要求。							

申明：我单位提供的《申请单》内容真实，否则将承担相关法律责任。

申请方经办人：　　　　　联系电话：　　　　　申请方名称（印章）：

注：本申请单一式两联：第一联，申请方留存；第二联，申请方所属主管税务机关留存。

凭证9-22 $\frac{2}{5}$

开具红字增值税专用发票通知单

填开日期：2011年12月08日　　　　　　　　　　　　　　　NO：000908220111209001

销售方	名　称	赛斯特科技有限责任公司		购买方	名　称	宏江市鼎新公司		
	税务登记证代码	89067532018			税务登记证代码	87698767876		
专用发票开具红字内容	货物（劳务）名称	数量	单价		金额		税率	税额
	PCG	-1	10 000		-10 000		17%	-1 700
	合计	……	……		￥-10 000		……	￥-1 700
说 明	一、购买方申请 ☑ 对应蓝字专用发票抵扣增值税销项税额情况： 　　1.已抵扣 □ 　　2.未抵扣 □ 　　　　（1）无法认证 □ 　　　　（2）纳税人识别号认证不符 □ 　　　　（3）增值税专用发票代码、号码认证不相符 □ 　　　　（4）所购货物不属于增值税抵扣项目范围 □ 　　　　　　对应蓝字专用发票密码区内打印的代码：———————— 　　　　　　　　　　　　　　　号码：———————— 二、销售方申请 □ 　　　　（1）因开票有误购买方拒收的 □ 　　　　（2）因开具有误等原因尚未交付的 □ 　　　　　　对应蓝字专用发票密码区内打印的代码：———————— 　　　　　　　　　　　　　　　号码：———————— 开具红字专用发票理由：货物质量不符合我公司要求。							

经办人：　　　　　联系电话：　　　　　主管税务机关（印章）：————————

注：本申请单一式三联：第一联，申请方留存；第二联，申请方所属主管税务机关留存；第三联，购买方留存

凭证9-22 $\frac{3}{5}$

3400034160

××省增值税专用发票

全国统一发票监制章
税务局监制

此联不作报销、扣税凭证使用

NO:0009083

开票日期：2011年12月09日

购货单位	名　称：宏江市鼎新公司 纳税人识别号：540208871904362 地址、电话：宏江市北星路86号　83822652 开户行及账号：工行北星支行 532001260004618				密码区	56892*56873279898+><73 98<<356987*457259832+8 75-64-<<69285>>*6430		加密版本： 3400034160 0009083
货物或应税劳务名称	规格型号	单位	数量	单价	金额	税率	税额
PCG	C02	吨	-1	10 000.00	-10 000.00	17%	-1 700.00
合　计					￥-10 000.00		￥-1 700.00
价税合计（大写）	负壹万壹仟柒佰元整					（小写）￥-11 700.00	
销货单位	名　称：赛斯特科技有限责任公司 纳税人识别号：510208830020288 地址、电话：宏江市腾博路156号　87461588 开户行及账号：工行宏江支行 532001260004619			备注	对应通知单号：00090822011209001		

第一联　记账联　销货方记账凭证

89067532018

发票专用章

收款人：　　　　　复核：　　　　　开票人：王凤梧　　　　　销货单位：（章）

凭证 9-22 $\frac{4}{5}$

中国工商银行转账支票

中国工商银行
转账支票存根
IV V286645

科　　目：
对方科目：
出票日期：2011 年 12 月 09 日

收款人：宏江市鼎新公司
金　额：￥11 700.00
用　途：退货款

单位主管　　　　　会计

凭证 9-22 $\frac{5}{5}$

产品入库单

2011 年 12 月 09 日　　　　　第___号

编号	名称	规格	单位	数量		单位成本	金额	备注
				要数	实发			
C02	PCG		吨	1	1			退货
合　计								

二　记账联

记账：王凤梧　　　　　发货：于智强　　　　　制单：金　鑫

24）12月9日，购入待安装的产品检测设备一台，价款100 000元，增值税税额17 000元，运杂费1 800元，款已汇付。原始凭证见凭证9-23 $\frac{1}{5}$～凭证9-23 $\frac{5}{5}$（提示：增值税专用发票、运费发票、银行汇款回单）。

25）12月9日，购入材料水泥5吨，单价400元，用于设备安装工程。原始凭证见凭证9-24 $\frac{1}{4}$～凭证9-24 $\frac{4}{4}$（提示：增值税专用发票、转账支票存根、收料单）。

凭证9-23 $\frac{1}{5}$

××省增值税专用发票

全国统一发票监制章

税务局监制

发票联

NO.02974926

3200032864

开票日期：2011年12月09日

购货单位	名　称：赛斯特科技有限责任公司						
	纳税人识别号：510208830020288				密码区	25709388079<>5684+5872<64+5-327><56875983*632*>+769694<<978*+7636583+8*	加密版本：3200032864 02974926
	地址、电话：宏江市腾博路156号　87461588						
	开户行及账号：工行宏江支行　532001260004619						

货物或应税劳务名称	规格型号	单位	数量	单价	金额	税率	税额
检测仪	JAC50	台	1	100 000.00	100 000.00	17%	17 000.00
合计					￥100 000.00		￥17 000.00

价税合计（大写）	⊗壹拾壹万柒仟元整	（小写）￥117 000.00

销货单位	名　称：南京铸城机电有限责任公司		备注	南京铸城机电有限责任公司 321001140498721 发票专用章
	纳税人识别号：321001140498721			
	地址、电话：锦绣路232号　46862386			
	开户行及账号：工行大厂营业部　1108020007546008			

收款人：刘小小　　　复核：郑丽　　　开票人：郑文　　　销货单位：（章）

第二联　发票联　购货方记账凭证

凭证9-23 $\frac{2}{5}$

××省增值税专用发票

全国统一发票监制章

税务局监制

抵扣联

NO.02974926

3200032864

开票日期：2011年12月09日

购货单位	名　称：赛斯特科技有限责任公司						
	纳税人识别号：510208830020288				密码区	25709388079<>5684+5872<64+5-327><56875983*632*>+769694<<978*+7636583+8*	加密版本：3200032864 02974926
	地址、电话：宏江市腾博路156号　87461588						
	开户行及账号：工行宏江支行　532001260004619						

货物或应税劳务名称	规格型号	单位	数量	单价	金额	税率	税额
检测仪 合计	JAC50	台	1	100 000.00	100 000.00	17%	17 000.00
					￥100 000.00		￥17 000.00

价税合计（大写）	⊗壹拾壹万柒仟元整	（小写）￥117 000.00

销货单位	名　称：南京铸城机电有限责任公司		备注	南京铸城机电有限责任公司 321001140498721 发票专用章
	纳税人识别号：321001140498721			
	地址、电话：锦绣路232号　46862386			
	开户行及账号：工行大厂营业部　1108020007546008			

收款人：刘小小　　　复核：郑丽　　　开票人：郑文　　　销货单位：（章）

第三联　抵扣联　购货方抵扣凭证

凭证9-23 $\frac{3}{5}$

江苏省南京市公路运输业统一发票

全国统一发票监制章

税属局监制

发票联

NO.259107

托运单位：南京枫影物流公司

牌照号：

发货单位	南京铸城机电公司	地　址	南京市锦绣路232号	电话	56281908	装货地点	
收货单位	赛斯特科技公司	地　址	宏江市腾博路156号	电话	87461588	卸货地点	
付款单位	赛斯特科技公司	地　址	宏江市腾博路156号	电话	87461588	发票单号	

货物名称	件数	重量	包装	运费金额	其他收费费用	
					费目	金额
检测仪				1 500.00	装卸费	300.00

南京枫影物流公司 57345569125 发票专用章

合计人民币（大写）	壹仟捌佰元整	￥1 800.00

开票单位盖章：　　　　　开票人：张梅　　　　　2011年12月09日

凭证9-23 $\frac{4}{5}$

江苏省南京市公路运输业统一发票

抵扣联

NO.02974926

托运单位：南京枫影物流公司　　　车属单位：南京枫影物流公司　　　牌照号：

发货单位	南京铸城机电公司	地　址	南京市锦绣路232号	电　话	56281908	装货地点	
收货单位	赛斯特科技公司	地　址	宏江市腾博路156号	电　话	87461588	卸货地点	
付款单位	赛斯特科技公司	地　址	宏江市腾博路156号	电　话	87461588	发票单号	

货物名称	件　数	重　量	包　装	运费金额	其他收费费用	
					费目	金额
检测仪				1 500.00	装卸费	300.00
合计人民币（大写）	壹仟捌佰元整 ¥1 800.00					

开票单位盖章：　　　　　　　　　　开票人　张 梅　　　　　　　　2011年12月09日

凭证9-23 $\frac{5}{5}$

网银国内跨行小额汇款凭证

网银业务编号：5600000827878306　　渠道编号：CBTT536812016168　　业务类型：C200 汇兑
发起行行号：104651003017　　汇款人开户行行号：104651003017　　汇出行委托日期：2011/12/09
汇款人开户行名称：工行宏江支行
汇款人账号：532001260004619
汇款人名称：赛斯特科技有限责任公司
接收行行号：354651016258　　收款人开户行行号：354651016258　　汇出行经办日期：2011/12/09
收款人开户行名称：工行大厂营业部
收款人账号：1108020007546008
收款人名称：南京铸城机电有限责任公司
汇款币种、金额：CNY 118 800.00
大写金额：壹拾壹万捌仟捌佰元整
手续费币种、金额：CNY 0.50
大写金额：伍角整
电子汇划费币种、金额：CNY 2.50
大写金额：贰元伍角整
附言：
摘要：设备款

此联为客户回单 自助设备打印，注意避免重复 自助打印次数：1 银行盖章
打印时间：

凭证9-24 $\frac{1}{4}$

××省增值税专用发票

发票联

NO.02645907

3400044792　　　　　　　　　　　　　　　　开票日期：2011年12月09日

购货单位	名　称	赛斯特科技有限责任公司		密码区	70359<*8263+8*58 28394<<79483*738 648792++879-4792 -54<<6849<>*6743	加密版本：3400044792 02645907	第二联 发票联 购货方记账凭证
	纳税人识别号：	510208830020288					
	地址、电话：	宏江市腾博路156号　87461588					
	开户行及账号：	工行宏江支行　532001260004619					

货物或应税劳务名称	规格型号	单位	数量	单价	金额	税率	税额
水泥		吨	5	400.00	2 000.00	17%	340.00
合　计					¥2 000.00		¥340.00
价税合计（大写）	⊗贰仟叁佰肆拾元整					（小写）¥2 340.00	

销货单位	名　称	宏江安居建筑材料公司	备注	341001145390765
	纳税人识别号：	341001145390765		
	地址、电话：	长江路266号　4865432		
	开户行及账号：	工行赫山支行　732001263459002		

收款人　唐 敏　　　复核　黄 琴　　　开票人　孙 汉　　　销货单位：（章）

凭证9-24 $\frac{2}{4}$

3400044792

××省增值税专用发票

抵扣联

税务局监制

NO.02645907

开票日期：2011年12月09日

| 购货单位 | 名　　　称：赛斯特科技有限责任公司
纳税人识别号：510208830020288
地址、电话：宏江市腾博路156号　87461588
开户行及账号：工行宏江支行 532001260004619 | 密码区 | 70359<*8263+8*58
28394<<79483*738
648792++879-4792
-54<<6849<>*6743 | 加密版本：
3400044792
02645907 |

货物或应税劳务名称	规格型号	单位	数量	单价	金额	税率	税额
建筑材料		吨	5	400.00	2 000.00	17%	340.00
合计					￥2 000.00		￥340.00

| 价税合计（大写） | ⊗ 贰仟叁佰肆拾元整 | （小写）￥2 340.00 |

| 销货单位 | 名　　　称：宏江安居建筑材料公司
纳税人识别号：341001145390765
地址、电话：长江路266号　4865432
开户行及账号：工行赭山支行 732001263459002 | 备注 | 宏江安居建筑材料有限责任公司
341001145390765
发票专用章 |

第三联 抵扣联 购货方抵扣凭证

收款人：唐　敏　　　复核：黄　琴　　　开票人：孙　汉　　　销货单位：（章）

凭证 9-24 $\frac{3}{4}$

中国工商银行转账支票

中国工商银行

转账支票存根

Ⅳ V286646

科　　目：

对方科目：

出票日期：2011 年 12 月 09 日

收款人：宏江安居建筑材料公司
金　额：￥2 340.00
用　途：材料款

单位主管　　　　　　会计

凭证 9-24 $\frac{4}{4}$

收　料　单

供货单位：宏江安居建筑材料公司　　　　　　　　　　凭证编号：

发票编号：　　　　　　　2011 年 12 月 09 日　　　　收料仓库：材料物资仓库

类别	编号	名称	规格	单位	数量		实际成本				计划成本	
					应收	实收	单价	金额	运杂费	合计	单位成本	金额
		水泥		吨	5	500	400.00	2 000.00		2 000.00		

主管：李明朗　　　记账：王凤梧　　　仓库保管：张维光　　　经办人：李乐乐

26）12 月 9 日，人力资源部张红卫报销差旅费 948 元，借款余额 52 元交回财务部。原始凭证见凭证 9-25 $\frac{1}{2}$ 和凭证 9-25 $\frac{2}{2}$（提示：差旅费报销单、收款收据）。

凭证 9-25 $\frac{1}{2}$

差旅费报销单

姓名：张红卫　　　　　　　　　　　　2011 年 12 月 09 日

起止日期	起止地点	汽车费	火车费	飞机费	途中补助	住宿费	住勤补助	杂费	合计	单据
12 月 5 日	宏江—天津		254.00		25.00				279.00	2
12 月 6～8 日	住勤					300.00	90.00		390.00	1
12 月 8 日	天津—宏江		254.00		25.00				279.00	2
合　计			508.00		50.00	300.00	90.00		948.00	5

合计核销金额（大写）玖佰肆拾捌元整　¥948.00

领导批示：请核报　　秦云潇　2011.12.09

凭证 9-25 $\frac{2}{2}$

收款收据

第三联：记账

NO. 0312056

2011 年 12 月 09 日

今收到	人力资源部　张红卫
人民币	壹仟元整（实际报销 948 元）¥1 000.00
系　付	差旅费预借款

现金收讫

赛斯特科技有限责任公司财务专用章

单位盖章：　　　　会计：顾笑笑　　　　出纳：张　岩　　　　经手人：

27）12 月 10 日，车间投产 12 吨 PAC 产品和 6 吨 PCG 产品，领用苯胺 15 吨、亚硝酸钠 15 吨、编织袋 72 条，计 144 元。原始凭证见凭证 9-26 $\frac{1}{4}$～凭证 9-26 $\frac{4}{4}$（提示：领料单、费用分配表）。

凭证 9-26 $\frac{1}{4}$

领 料 单

领料单位：加工车间　　　　　　　2011 年 12 月 10 日　　　　　　　____发料第____号

类别	编号	名称	规格	单位	数量		单价	金额
					请领	实发		
	C01	苯 胺		吨	15	15	5 000.00	75 000.00
	C02	亚硝酸钠		吨	15	15	400.00	6 000.00
		编织袋		只	72	72	2.00	144.00
用途				领料部门		发料部门		
				负责人	领料人	核准人	发料人	
					高洋		张维光	

领料主管：杨力宇　　　会计：王凤梧　　　库管：张维光　　　领料人：高洋

凭证 9-26 $\frac{2}{4}$　　　　　　　　　**苯胺费用分配表**

单位：元

分配对象	分配标准/吨	分配率	分摊额
PAC	12	每吨 PAC 产品生产需耗用苯胺 1 吨	60 000.00
PCG	6	每吨 PCG 产品生产需耗用苯胺 0.5 吨	15 000.00
合　　计			75 000.00

会计：王凤梧　　　　　　复核：鲁新民　　　　　　　　制表：王凤梧

凭证 9-26 $\frac{3}{4}$　　　　　　　　　**亚硝酸钠费用分配表**

单位：元

分配对象	分配标准/吨	分配率	分摊额
PAC	12	每吨 PAC 产品生产需耗用亚硝酸钠 0.5 吨	2 400.00
PCG	6	每吨 PCG 产品生产需耗用亚硝酸钠 1.5 吨	3 600.00
合　　计			6 000.00

会计：王凤梧　　　　　　复核：鲁新民　　　　　　　　制表：王凤梧

凭证 9-26 $\frac{4}{4}$　　　　　　　　　**编织袋费用分配表**

单位：元

分配对象	分配标准/吨	分配率	分摊额
PAC	12	每吨 PAC 产品需使用 4 条编织袋	96.00
PCG	6	每吨 PCG 产品需使用 4 条编织袋	48.00
合　　计			144.00

会计：王凤梧　　　　　　复核：鲁新民　　　　　　　　制表：王凤梧

28）12 月 11 日，开出无息商业承兑汇票（到期日 2012 年 3 月 11 日）抵付前欠普达公司购货款 20 000 元。原始凭证见凭证 9-27（提示：商业承兑汇票）。

凭证 9-27　　　　　　　　　商业承兑汇票（存根） 4

汇票号码
第 1201 号

签发日期：2011年12月11日

付款人	全　称	赛斯特科技有限责任公司	收款人	全　称	普达公司	
	账　号	532001260004619		账　号	532001271093427	
	开户银行	工行宏江支行		开户银行	工行城南支行	

汇票金额	人民币（大写）　贰万元整	千百十万千百十元角分
		Ｙ 2 0 0 0 0 0 0

汇票到期日	2012 年 03 月 11 日	交易合同号码	208888

备注：

此联签发人存查

29）12 月 11 日，机修车间领用维修零配件 4 000 元。原始凭证见凭证 9-28（提示：领料单）。

凭证 9-28

领　料　单

领料单位：机修车间　　　　　　　　　　2011 年 12 月 11 日　　　　　　　　　发料第＿＿＿号

类别	编号	名称	规格	单位	数量		单价	金额
					请领	实发		
		维修零配件						4 000.00
用途					领料部门		发料部门	
					负责人	领料人	核准人	发料人
					来飞易	田　甜		张维光

30）12 月 12 日，收恒力公司（开户行及账号：工行东光支行，532001276103321）本月设备租金 800 元，将转账支票一张送存银行。原始凭证见凭证 9-29 $\frac{1}{2}$ 和凭证 9-29 $\frac{2}{2}$（提示：租金发票、银行进账单）。

凭证 9-29 $\frac{1}{2}$

××省宏江市地方税务局通用手工发票

××省宏江市
地方税务局监制

发票代码　151011072006
发票号码　05183235
验证码　　96284237

付款单位：恒力公司

项目内容	金　　额					备　　注
设备租金	百	十	元	角	分	
	8	0	0	0	0	
合计人民币（大写）　捌佰元整 89067532018	8	0	0	0	0	
收款单位名称：　　发票专用章						开票人 王凤梧　　2011年12月12日
收款单位税号：						

第一联　发票联

凭证 9-29 $\frac{2}{2}$

中国工商银行进账单（回单或收账通知）

进账日期：2011年12月12日　　　　　　第　　　号

收款人	全　称	赛斯特科技有限责任公司	付款人	全　称	恒力公司	千	百	十	万	千	百	十	元	角	分
	账　号	532001260004619		账　号	532001276103321										
	开户银行	工行宏江支行		开户银行	工行东光支行			￥	8	0	0	0	0	0	
人民币（大写）：捌佰元整				2011.12.12											
票据种类		转账支票													
票据张数		1													
主管　　会计　　复核　　记账				收款人开户银行盖章											

此联是开户银行交给收款人的回单或收账通知

31）12 月 12 日，收银行付款通知，本企业签发的应付伊林公司的商业承兑汇票 4000078 按到期兑付。原始凭证见凭证 9-30（提示：委托收款凭证）。

凭证9-30

委托收款凭证（付款通知）

5

委托日期：2011年12月12日　　　　付款期限：2011年12月15日　　　　第1268号

付款人	全　称	赛斯特科技有限责任公司	收款人	全　称	伊林化工集团有限公司
	账　号	532001260004619		账　号	4635978215635498
	开户银行	工行宏江支行		开户银行	工行江夏支行

托收金额	人民币（大写）	肆万元整		千	百	十	万	千	百	十	元	角	分
						￥	4	0	0	0	0	0	0

款项内容	货款	委托收款凭据名称	商业承兑汇票	附寄单证张数	
备注：		付款人注意：应于见票当日通知开户银行划款。如需拒付，应在规定期限内，将拒付理由书并债务证明退交开户银行。			

工行宏江支行 2011.12.15

工行宏江支行章

此联是付款人开户银行给付款人按期付款的通知

32）12月15日，支付预订下年度的报刊费 1 200 元。原始凭证见凭证 9-31 $\frac{1}{2}$ 和凭证9-31 $\frac{2}{2}$（提示：发票、转账支票存根）。

凭证9-31 $\frac{1}{2}$

人民日报社发行部发票

第二联：发票

户名：赛斯特科技有限责任公司　　2011年12月15日　　　　NO.0212482

代号	报纸名称	份数	起止日期	单价	金额						
					万	千	百	十	元	角	分
036	人民日报	10	2012 年 1 月 2012 年 12 月	120.00（年）	￥	1	2	0	0	0	0
合计大写	人民币：壹仟贰佰元整										

此联为报销凭证

收款人：　　　　复核：　　　　开票人：周倩　　　　单位盖章：

凭证9-31 $\frac{2}{2}$

中国工商银行转账支票存根

中国工商银行

转账支票存根

IV V0286647

科　目：

对方科目：

出票日期：2011 年 12 月 15 日

收款人：人民日报社宏江分社

金　额：￥1 200.00

用　途：报刊费

单位主管　　　　会计

33）12 月 15 日，向联发公司销售的 PAC 产品 8 吨，单价 13 000 元/吨，合同约定第一次收款 50%，余款暂欠。第一笔款项已收，将转账支票一张送存银行。原始凭证见凭证 9-32 $\frac{1}{3}$～凭证 9-32 $\frac{3}{3}$（提示：增值税专用发票、银行进账单、发货单）。

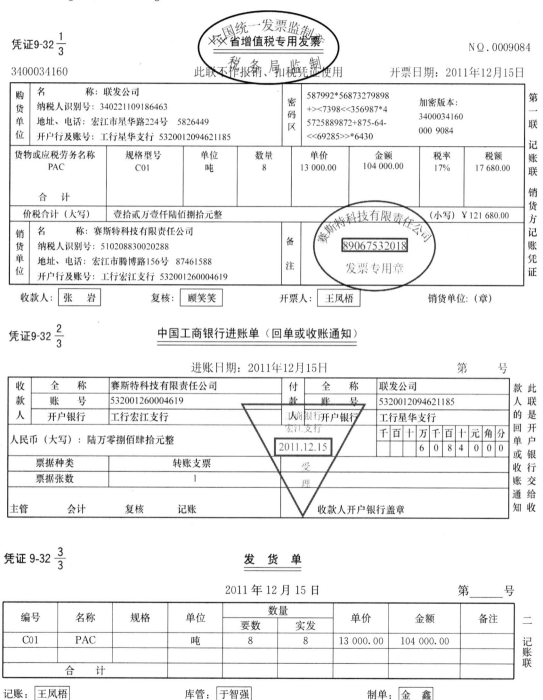

凭证9-32 $\frac{1}{3}$

××省增值税专用发票　　　　　　　　　　　　NO.0009084

3400034160　　此联不作报销、扣税凭证使用　　开票日期：2011年12月15日

购货单位	名　称：联发公司　　　纳税人识别号：340221109186463　　　地址、电话：宏江市星华路224号　5826449　　　开户行及账号：工行星华支行 5320012094621185					密码区	587992*56873279898 +><7398<<356987*4 5725889872+875-64- <<69285>>*6430	加密版本： 3400034160 000 9084
货物或应税劳务名称	规格型号	单位	数量	单价	金额	税率	税额
PAC	C01	吨	8	13 000.00	104 000.00	17%	17 680.00
合　计							
价税合计（大写）	壹拾贰万壹仟陆佰捌拾元整					（小写）¥121 680.00	
销货单位	名　称：赛斯特科技有限责任公司　　　纳税人识别号：510208830020288　　　地址、电话：宏江市腾博路156号　87461588　　　开户行及账号：工行宏江支行 532001260004619					备注	89067532018 发票专用章	

收款人：张岩　　　复核：顾笑笑　　　开票人：王凤梧　　　销货单位：（章）

凭证9-32 $\frac{2}{3}$　　　　中国工商银行进账单（回单或收账通知）

进账日期：2011年12月15日　　　　　　第　　号

收款人	全　称	赛斯特科技有限责任公司		付款人	全　称	联发公司											
	账　号	532001260004619			账　号	5320012094621185										
	开户银行	工行宏江支行			开户银行	工行星华支行	千	百	十	万	千	百	十	元	角	分
人民币（大写）：陆万零捌佰肆拾元整									6	0	8	4	0	0	0
票据种类		转账支票													
票据张数		1													
主管　会计　　复核　　记账					收款人开户银行盖章										

工商银行开户银行
宏江支行
2011.12.15
受理

凭证 9-32 $\frac{3}{3}$　　　　发　货　单

2011 年 12 月 15 日　　　　　　第＿＿＿号

编号	名称	规格	单位	数量		单价	金额	备注
				要数	实发			
C01	PAC		吨	8	8	13 000.00	104 000.00	
合　计								

记账：王凤梧　　　库管：于智强　　　制单：金鑫

34）12 月 15 日，加工车间向仓库移送已完工的 PAC 产品 20 吨和 PCG 产品 10 吨。原始凭证见凭证 9-33（提示：产品入库单）。

凭证 9-33

产品入库单

2011 年 12 月 15 日　　　　　　　　　　　　第____号

编号	名称	规格	单位	数量		单价	金额	备注
				要数	实发			
C01	PAC		吨	20	20			
C02	PCG		吨	10	10			
合　计								

记账：王凤梧　　　　　　库管：于智强　　　　　　制单：高　洋

35）12 月 16 日，收到加工车间工人杨南违纪罚款 200 元。原始凭证见凭证 9-34（提示：收款收据）。

凭证9-34

收款收据

第三联：记账

NO. 0312056

2011年12月16日

今收到	加工车间工人 杨南	
人民币	贰佰元整	￥200.00
系 付	违纪罚款	

现金收讫

单位盖章：　　　　　会计：王凤梧　　　出纳：张　岩　　　经手人：

36）12 月 16 日，支付设备安装费 1 000 元。原始凭证见凭证 9-35 $\frac{1}{2}$ 和凭证 9-35 $\frac{2}{2}$（提示：发票、转账支票存根）。

凭证9-35 $\frac{1}{2}$

××省宏江市地方税务局通用手工发票

发票代码　151011072981
发票号码　062832175
验证码　96289027

付款单位：赛斯特科技有限责任公司

项目内容	金 额							备 注
	万	千	百	十	元	角	分	
设备安装费		1	0	0	0	0	0	
合计人民币（大写）　壹仟元整		￥	1	0	0	0	0	0

收款单位名称：
收款单位税号：

开票人　吴　玉　　　　2011年12月16日

凭证 9-35 $\frac{2}{2}$

中国工商银行转账支票

中国工商银行
转账支票存根
IV V286648

科　目：
对方科目：
出票日期：2011 年 12 月 16 日

收款人：利民机电安装公司
金　额：￥1 000.00
用　途：设备安装费

单位主管　　　　　　会计

37）12 月 16 日，设备安装完毕，交付使用。原始凭证见凭证 9-36（提示：固定资产交接单）。

凭证 9-36

固定资产交接单

2011 年 12 月 16 日

资产名称	规格型号	计量单位	数量	安装完工日期	实际成本					备注
					设备费	材料费	安装费	利息	合计	
检测仪	JAC50	台	1	2011.12.16	101 695.00	2 000.00	1 000.00		104 695.00	
移交单位	利民机电安装公司	负责人	刘一天	接收单位	赛斯特科技有限责任公司	负责人	秦云潇			
		会计主管	郝　新			会计主管	鲁新民			
		经办人	高　山			经办人	李乐乐			

38）12 月 17 日，向今业公司销售 PCG 产品 10 吨，售价 10 000 元/吨，增值税税率 17%，代垫运杂费 1 000 元，价税费合计 118 000 元，已办妥委托收款手续。原始凭证见凭证 9-37 $\frac{1}{4}$ ～凭证 9-37 $\frac{4}{4}$（提示：增值税专用发票、发货单、托收承付凭证、转账支票存根）。

凭证 9-37 $\frac{1}{4}$

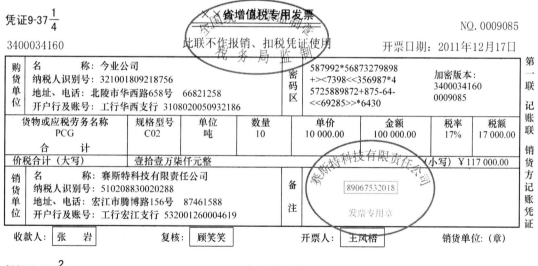

凭证 9-37 $\frac{2}{4}$

发　货　单

2011 年 12 月 17 日　　　　　　第___号

编号	名称	规格	单位	数量		单位成本	金额	备注
				要数	实发			
C02	PCG		吨	10	10	10 000.00	100 000.00	
	合　计							

记账：王凤梧　　　　　　库管：于智强　　　　　　制单：金鑫

凭证 9-37 $\frac{3}{4}$

中国工商银行转账支票

中国工商银行
转账支票存根
IV V286649

科　　目：
对方科目：
出票日期：2011 年 12 月 17 日

收款人：宏江捷运公司

金　额：￥1 000.00

用　途：代垫运杂费

单位主管　　　　　　会计

凭证9-37 $\frac{4}{4}$

托收承付凭证（回单） 1

委托日期：2011年12月17日　　　　　　　　　　　第1268号

付款人	全　称	今业公司	收款人	全　称	赛斯特科技有限责任公司										银行给收款人的回单
	账　号	3108020050932186		账　号	532001260004619										
	开户银行	工行华西支行		开户银行	工行宏江支行										
托收金额	人民币（大写）	壹拾壹万捌仟元整				千	百	十	万	千	百	十	元	角	分	
							￥	1	1	8	0	0	0	0	0	
附件	商品发运情况			合同名称号码											
附寄单证张数或册数	2	已发送 NO.120439		01123											
备注：		款项收妥日期　年　月　日		收款人开户银行盖章											

(受理 工商银行 宏江支行 2011.12.17)

39）12 月 17 日，接到委托收款通知，顺发公司的货款 80 000 元已收到。原始凭证见凭证 9-38（提示：托收承付凭证）。

40）12 月 17 日，以每股 10 元的价格购买四方公司股票 6 000 股作为短期投资。原始凭证见凭证 9-39（提示：证券交易交割单）。

41）12 月 18 日，根据合同约定给昌盛公司发出 PAC 产品 20 吨，售价 13 000 元/吨，余款尚未结清。原始凭证见凭证 9-40 $\frac{1}{2}$ 和凭证 9-40 $\frac{2}{2}$（提示：增值税专用发票、发货单）。

凭证9-38

托收承付凭证（收款通知） 4

委托日期：2011年12月17日　　　　　　　　　　　第0372号

付款人	全　称	南京顺发公司	收款人	全　称	赛斯特科技有限责任公司										收妥后给收款人开户银行在款项收账通知
	账　号	3108021297538108		账　号	532001260004619										
	开户银行	工行三江支行		开户银行	工行宏江支行										
托收金额	人民币（大写）	捌万元整				千	百	十	万	千	百	十	元	角	分	
								￥	8	0	0	0	0	0	0	
款项内容	货款	委托收款凭据名称		附寄单证张数											
备注：		上列款项已由付款人开户银行全额划回并收入你方账户内。 收款人开户银行盖章 2011年12月17日													

(受理 工商银行 宏江支行 2011.12.17)

凭证9-39

成交过户交割凭单　买

12/17/2011

股东编号：	A6093098	成交证券：	港储
电脑编号：	890769	成交数量：	6 000
公司代号：	198	成交价格；	10.00
申请编号：	575	成交金额：	60 000.00
申报时间：	10:28:22	标准佣金：	180.00
成交时间：	10:45:15	过户费用：	120.00
上次余额：	0（股）	印花税：	120.00
本次成交：	6 000（股）	应付金额：	60 300.00
本次余额：	6 000（股）	最终余额：	22 530.00
附加费用：		实付金额：	60 300.00

客户联

经办单位：　　　　　　客户签章：赛斯特科技有限责任公司

（盖章：赛斯特科技有限责任公司 发票专用章 89067532018）

凭证9-40 $\frac{1}{2}$

□省增值税专用发票

№.0009086

3400034160　　此联不作报销、扣税凭证使用　　开票日期：2011年12月18日

购货单位	名　称：昌盛公司 纳税人识别号：357901267389236 地址、电话：西源市曙光路52号　65782329 开户行及账号：工行曙光支行　2672569802438612	密码区	654992*56873279898+> <7398<<345987*45725 889872+875-64-<<6928 5>>*6430	加密版本： 3400034160 0009086

第一联 记账联 销货方记账凭证

货物或应税劳务名称	规格型号	单位	数量	单价	金额	税率	税额
PAC	C01	吨	20	13 000.00	260 000.00	17%	44 200.00
合　计					￥260 000.00		￥44 200.00

价税合计（大写）	叁拾万肆仟贰佰元整	（小写）￥304 200.00

销货单位	名　称：赛斯特科技有限责任公司 纳税人识别号：510208830020288 地址、电话：宏江市腾博路156号　87461588 开户行及账号：工行宏江支行　532001260004619	备注	（盖章：赛斯特科技有限责任公司 发票专用章 89067532018）

收款人：张　岩　　复核：顾笑笑　　开票人：王凤梧　　销货单位（章）

凭证9-40 $\frac{2}{2}$

发　货　单

2011 年 12 月 18 日　　　　　第　　　　号

编号	名称	规格	单位	数量		单价	金额	备注
				要数	实发			
C01	PAC		吨	20	20	13 000.00	260 000.00	
合　计								

二 记账联

记账：王凤梧　　　　库管：于智强　　　　制单：金　鑫

　　42）12 月 18 日，收回已注销的天南公司（开户行及账号：工行星华支行，532031205463068）应收账款 3 000 元，将转账支票一张送存银行。原始凭证见凭证 9-41（提示：银行进账单）。

凭证9-41

中国工商银行进账单（回单或收账通知）

进账日期：2011年12月18日　　　　　　　　第　号

收款人	全　称	赛斯特科技有限责任公司	付款人	全　称	天南公司	此联是开户银行交给收款人的回单或收账通知
	账　号	532001260004619		账　号	532031205463068	
	开户银行	工行宏江支行		开户银行	工行星华支行	

| 人民币（大写）：叁仟元整 | | 千 | 百 | 十 | 万 | 千 | 百 | 十 | 元 | 角 | 分 |
| | | | | | | ¥ | 3 | 0 | 0 | 0 | 0 |

| 票据种类 | 转账支票 | |
| 票据张数 | 1 | 0 |

主管　　会计　　复核　　记账　　　　　　　　收款人开户银行盖章

43）12月18日，应收鼎新公司的银行承兑汇票50 000元到期，将银行承兑汇票交银行收款。原始凭证见凭证9-42（提示：托收凭证）。

凭证9-42

委托收款凭证（收账通知）4

委托日期：2011年12月18日　　付款期限：2011年12月18日　　　　　第2512号

付款人	全　称	鼎新公司	收款人	全　称	赛斯特科技有限责任公司	此联是付款人开户银行给付款人按期付款的通知
	账　号	532001260004618		账　号	532001260004619	
	开户银行	中行北星支行		开户银行	工行宏江支行	

| 托收金额 | 人民币（大写）　伍万元整 | 千 | 百 | 十 | 万 | 千 | 百 | 十 | 元 | 角 | 分 |
| | | | | ¥ | 5 | 0 | 0 | 0 | 0 | 0 | 0 |

| 款项内容 | 货款 | 委托收款凭据名称 | 银行承兑汇票 | 附寄单证张数 | 1 |

备注：

收款人开户银行盖章

44）12月18日，以库存商品PAC 2吨换取通达公司（纳税人识别号为340221101093657；地址及电话为宏江市光华路150号，85820285；开户行及账号为工行光华支行，532001203910556）电脑4台，该批产品成本为17 000元，公允价值为26 000元，计税价格等于公允价值。原始凭证见凭证9-43 $\frac{1}{5}$～凭证9-43 $\frac{5}{5}$（提示：增值税专用发票、发货单、固定资产接收单）。

凭证9-43 $\frac{1}{5}$

3400034160

×ד省增值税专用发票　　　　　　　　　　№.0009087

记账联　　　　　　开票日期：2011年12月18日

购货单位	名　称：通达公司	密码区	587992*56873279898+>7398<<356987*457258 89872+875-64-<<69285 >>*6430	加密版本：3400034160 0009087	第一联　记账联　销货方记账凭证
	纳税人识别号：340221101093657			
	地址、电话：宏江市光华路150号 85820285			
	开户行及账号：工行光华支行 532001203910556			

货物或应税劳务名称	规格型号	单位	数量	单价	金额	税率	税额
PAC		吨	2	13 000.00	26 000.00	17%	4 420.00
合　计					¥26 000.00		¥4 420.00

| 价税合计（大写） | 叁万零肆佰贰拾元整 | | | （小写）¥30 420.00 |

销货单位	名　称：赛斯特科技有限责任公司	备注	89067532018
	纳税人识别号：510208830020288		
	地址、电话：宏江市腾博路156号 87461588		
	开户行及账号：工行宏江支行 532001260004619		

收款人：张岩　　　复核：顾笑笑　　　开票人：王凤格　　　销货单位：（章）

凭证 9-43 $\frac{2}{5}$

发 货 单

2011 年 12 月 18 日　　　　　　　　第_____号

编号	名称	规格	单位	数量		单价	金额	备注
				要数	实发			
	PAC		吨	2	2	13 000.00	26 000.00	
	合　计							

记账：王凤梧　　　　　库管：于智强　　　　　制单：金 鑫

（二 记账联）

凭证 9-43 $\frac{3}{5}$

×× 省增值税专用发票

发票联

NO.12645568

6400057798　　　　　　开票日期：2011 年 12 月 18 日

购货单位	名　称：赛斯特科技有限责任公司　纳税人识别号：510208830020288　地址、电话：宏江市腾博路156号　87461588　开户行及账号：工行宏江支行　532001260004619		密码区	10356<*8263+8*58 28395<<79483*738 648793++879-4792 -54<<6849<>*6743	加密版本： 6400057798 12645568
货物或应税劳务名称 电脑	规格型号	单位 台	数量 4	单价 6 500.00	金额 26 000.00	税率 17%	税额 4 420.00

合　计　　　　　　　　　　　　Y 26 000.00　　　　　　Y 4 420.00

价税合计（大写）　⊗ 叁万零肆佰贰拾元整　　　　　　（小写）Y 30 420.00

销货单位	名　称：通达公司　纳税人识别号：340221101093657　地址、电话：宏江市光华路150号　85820285　开户行及账号：工行光华支行　532001203910556	备注	340221101093657

收款人：孙 红　　复核：杨 琴　　开票人：章 名　　销货单位：（章）

（第二联 发票联 购货方记账凭证）

凭证 9-43 $\frac{4}{5}$

×× 省增值税专用发票

抵扣联

NO.12645568

6400057798　　　　　　开票日期：2011 年 12 月 18 日

购货单位	名　称：赛斯特科技有限责任公司　纳税人识别号：510208830020288　地址、电话：宏江市腾博路156号　87461588　开户行及账号：工行宏江支行　532001260004619		密码区	10356<*8263+8*58 28395<<79483*738 648793++879-4792 -54<<6849<>*6743	加密版本： 6400057798 12645568
货物或应税劳务名称 电脑	规格型号	单位 台	数量 4	单价 6 500.00	金额 26 000.00	税率 17%	税额 4 420.00

合　计　　　　　　　　　　　　Y 26 000.00　　　　　　Y 4 420.00

价税合计（大写）　⊗ 叁万零肆佰贰拾元整　　　　　　（小写）Y 30 420.00

销货单位	名　称：通达公司　纳税人识别号：340221101093657　地址、电话：宏江市光华路150号　85820285　开户行及账号：工行光华支行　532001203910556	备注	340221101093657

收款人：孙 红　　复核：杨 琴　　开票人：章 名　　销货单位：（章）

（第三联 抵扣联 购货方抵扣凭证）

凭证9-43 $\frac{5}{5}$

固定资产接收单

2011 年 12 月 18 日

资产名称	规格型号	计量单位	数量	接收原因	实际成本					备注
					设备费	运杂费	安装费	利息	合计	
电脑		台	4	非货币性交易					30 420.00	
移交单位	通达公司	负责人	冯凤	接收单位	赛斯特科技有限责任公司	负责人	秦云潇			
		会计主管	辜小东			会计主管	鲁新民			
		经办人	席庭			经办人	金鑫			

45）12 月 19 日，将所持有的短期债券 8 000 元转让给瑞明公司（开户行及账号：工行光华支行，532001201834518），得款 9 000 元，将转账支票一张送存银行。原始凭证见凭证9-44 $\frac{1}{2}$ 和凭证9-44 $\frac{2}{2}$（提示：债券交易单据、银行进账单）。

凭证9-44 $\frac{1}{2}$

公司债券转让交易协议

公司债券转让交易协议

　　经洽谈达成以下协议：赛斯特科技有限责任公司通过某证券公司将其持有的某公司债券全部转让给瑞明公司。该债券目前公允价值 8 000 元（成本），扣除交易费用后，该债券出售价定为 9 000 元。

其他法律事宜略。
……

赛斯特科技有限责任公司（公章）：

法人代表（签章）：　秦云潇

2011 年 12 月 19 日

瑞明公司（公章）：

法人代表（签章）：　方志宏

2011 年 12 月 19 日

凭证9-44 $\frac{2}{2}$

中国工商银行进账单（回单或收账通知）

进账日期：2011 年 12 月 19 日　　　　　　第　　号

收款人	全　称	赛斯特科技有限责任公司	付款人	全　称	瑞明公司											此联是付款人开户银行给付款人按期付款的通知
	账　号	532001260004619		账　号	532001201834518											
	开户银行	工行宏江支行		开户银行	工行光华支行											
人民币（大写）：玖仟元整					千	百	十	万	千	百	十	元	角	分		
								¥	9	0	0	0	0	0		
票据种类		转账支票														
票据张数		1														
主管　　会计　　复核　　记账				收款人开户银行盖章												

（工商银行宏江支行 2011.12.19 受理）

46）12 月 19 日，向青少年基金会捐款 10 000 元。原始凭证见凭证 9-45 $\frac{1}{2}$ 和凭证 9-45 $\frac{2}{2}$（提示：收款收据、转账支票存根）。

凭证9-45 $\frac{1}{2}$

收款收据

NO. 7845123

第二联：交款

2011年12月19日

今收到	赛斯特科技有限责任公司	
人民币	壹万元整	￥10 000.00
系 付	捐 款	

宏江市青少年
基金会
财务专用章

单位盖章：　　　　会计： 潘 洁 　　　　出纳： 张 民 　　　　经手人： 李 爽

凭证 9-45 $\frac{2}{2}$

中国工商银行转账支票

中国工商银行
转账支票存根
IV V286650

科　　目：

对方科目：

出票日期：2011 年 12 月 19 日

收款人：青少年基金会
金　额：￥10 000.00
用　途：捐　款

单位主管　　　　　　会计

47）12 月 20 日，运输车间报销本月耗用油料、支付保险费、车船税共计 17 000 元。原始凭证见凭证 9-46 $\frac{1}{4}$～凭证 9-46 $\frac{4}{4}$（提示：发票、转账支票存根）。

48）12 月 22 日，银行通知支付本季借款利息，公司已预提借款利息 672 元。原始凭证见凭证 9-47（提示：利息通知单）。

凭证9-46 $\frac{1}{4}$

中国石油宏江销售分公司商品销售发票

发票联

税 务 局 监 制

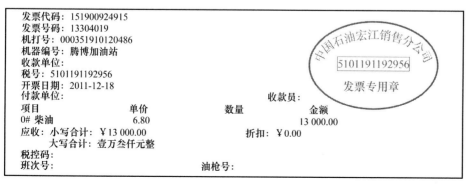

发票代码：151900924915
发票号码：13304019
机打号：000351910120486
机器编号：腾博加油站
收款单位：
税号：5101191192956
开票日期：2011-12-18
付款单位：

项目	单价		数量		金额
0# 柴油	6.80				13 000.00

应收：小写合计：￥13 000.00　　　　　　折扣：￥0.00
　　　大写合计：壹万叁仟元整
税控码：
班次号：　　　　　　　　　油枪号：

收款员：

中国石油宏江销售分公司
5101191192956
发票专用章

凭证9-46 $\frac{2}{4}$　　　　中国平安财产保险股份有限公司宏江分公司机打发票

发票联

××省直属
地方税务局监制
行业分类：保险业

发票代码　251001171268
发票号码　00862056
验证码　　426948901

开票日期：　　2011年12月18日

付款人：赛斯特科技有限责任公司	
承保险种：机动车交通事故责任强制险	车牌号码：************
保险单号：126910219001467628 09*******	
保险费金额（大写）人民币贰仟捌百元整	小写：RMB2 800.00元
代收车船税（小写）：RMB1 200.00元	滞纳金（小写）：
合计（大写）：人民币肆仟元整	小写：RMB 4 000.00元
附注：银行名称：中行宏江高新支行	银行账号：110878758910
户名：中国平安财产保险股份有限公司宏江支公司	
保险公司名称：中国平安财产保险股份有限公司宏江支公司一部	
复核　郑锦　经手人：郑锦	
保险公司签章：　　地址：宏江市南苑区航空路8号　××省直属　电话：95511	
保险公司纳税人识别号：	

第一联　发票联　手写无效

凭证 9-46 $\frac{3}{4}$　　　　中国工商银行转账支票

中国工商银行
转账支票存根
IV V286651

科　目：
对方科目：
出票日期：2011 年 12 月 20 日

收款人：中国平安财产保险股份有限
　　　　公司宏江支公司

金　额：￥4 000.00
用　途：保险费

单位主管　　　　　会计

49）12 月 22 日，归还到期的流动资金贷款 50 000 元。原始凭证见凭证 9-48（提示：贷款还款凭证）。

50）12 月 22 日，没收逾期未收回包装物的押金 1 000 元。原始凭证见凭证 9-49（提示：说明）。

51）12 月 23 日，报废机器一台。原始凭证见凭证 9-50（提示：固定资产报废单）。

52）12 月 23 日，向长丰公司出售亚硝酸钠 2 吨，售价 420 元/吨，按计划价格结转销售成本，将转账支票一张送存银行。原始凭证见凭证 9-51 $\frac{1}{3}$ ～凭证 9-51 $\frac{3}{3}$（提示：增值税专用发票、发货单、银行进账单）。

53）12 月 24 日，将报废机器残料卖给三江废品再生公司，收现金 400 元，结转清理损益。原始凭证见凭证 9-52（提示：收款收据）。

凭证 9-46 $\frac{4}{4}$

中国工商银行转账支票

中国工商银行
转账支票存根
IV V286652

科　　目：

对方科目：

出票日期：2011 年 12 月 20 日

| 收款人：宏江石油公司 |
| 金　额：￥13 000.00 |
| 用　途：油料款 |

单位主管　　　　　　　会计

凭证9-47　　　　　　**中国工商银行贷款利息通知单**

2011年12月22日

账　号	户　名	计息期	积　数	利率(月)	利息金额
532001260004619	赛斯特科技有限责任公司	2011年9月21日起12月20日止	￥80 000.00	0.42%	￥1 008.00
大写金额：人民币壹仟零捌元整					
上列款项已从你单位往来户如数支付。 银行盖章			备注：	工商银行 宏江支行 2011.12.22 付讫	

此联由银行送单位作支款通知

凭证9-48　　　　　　**中国工商银行贷款还款凭证**

2011年12月22日

借款单位名称	赛斯特科技有限责任公司	贷款账号	98650032	结算账号	532001260004619										
还款金额（大写）	伍万元整					千	百	十	万	千	百	十	元	角	分
								￥	5	0	0	0	0	0	0
贷款种类	流动资金借款		借出日期		约定还款日期										
			2011年09月23日		2011年12月22日										
上列款项从本单位往来户如数支付。 单位签章	赛斯特科技有限责任公司财务专用章　秦云潇			银行盖章	付讫										

第一联

凭证 9-49　　　　　　**没收押金证明**

同意将逾期未退回的包装物押金 1 000 元转账。

总经理：秦云潇　　　　　会计主管：鲁新民

2011 年 12 月 22 日　　　　2011 年 12 月 22 日

凭证 9-50

固定资产报废单

2011 年 12 月 23 日

固定资产 名称及编号	规格 型号	单位	数量	预计使 用年限	已使用 年限	原始价值	已提折旧	备　注
检测仪	JAC16	台	1	16	13	20 000.00	15 600.00	
固定资产状况 及报废原因	陈旧，不能满足产品检测要求							
处理意见	使用部门		技术鉴定小组		固定资产管理部门		总经理审批	
	无法使用		情况属实		同意转入清理		同意　秦云潇	

凭证9-51 $\frac{1}{3}$

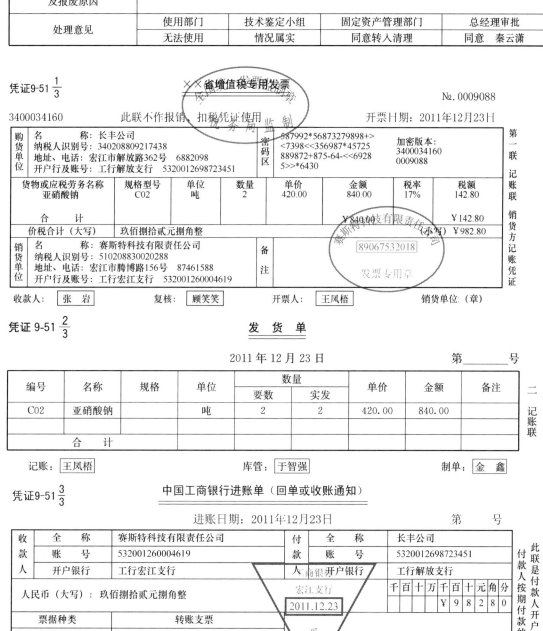

××省增值税专用发票　　　　　　　　　No.0009088

3400034160　　此联不作报销、扣税凭证使用　　开票日期：2011年12月23日

购货单位	名　称：长丰公司 纳税人识别号：340208809217438 地址、电话：宏江市解放路362号　6882098 开户行及账号：工行解放支行　5320012698723451		密码区	587992*56873279898+> <7398<<356987*45725 889872+875-64-<<6928 5>>*6430	加密版本： 3400034160 0009088
货物或应税劳务名称	规格型号	单位	数量	单价	金额	税率	税额
亚硝酸钠	C02	吨	2	420.00	840.00	17%	142.80
合　计					￥840.00		￥142.80
价税合计（大写）	玖佰捌拾贰元捌角整					（小写）￥982.80	
销货单位	名　称：赛斯特科技有限责任公司 纳税人识别号：510208830020288 地址、电话：宏江市腾博路156号　87461588 开户行及账号：工行宏江支行　532001260004619		备注		89067532018 发票专用章

收款人：张岩　　　复核：顾笑笑　　　开票人：王凤梧　　　销货单位：（章）

凭证 9-51 $\frac{2}{3}$

发　货　单

2011 年 12 月 23 日　　　　　　第＿＿＿号

编号	名称	规格	单位	数量		单价	金额	备注
				要数	实发			
C02	亚硝酸钠		吨	2	2	420.00	840.00	
合　计								

记账：王凤梧　　　库管：于智强　　　制单：金鑫

凭证9-51 $\frac{3}{3}$

中国工商银行进账单（回单或收账通知）

进账日期：2011年12月23日　　　　　第　号

收款人	全　称	赛斯特科技有限责任公司	付款人	全　称	长丰公司
	账号	532001260004619		账号	5320012698723451
	开户银行	工行宏江支行		开户银行	工行解放支行

人民币（大写）：玖佰捌拾贰元捌角整　　　千百十万千百十元角分　￥982 80

宏江支行 2011.12.23 受理

票据种类	转账支票
票据张数	1

主管　会计　复核　记账　　　收款人开户银行盖章

凭证9-52

收款收据

第三联：记账

NO.0312056

2011年12月24日

今收到	三江废品再生公司		
人民币	肆佰元整	￥400.00	赛斯特科技有限责任公司 财务专用章
系 付	销售检测仪残料	现金收讫	

单位盖章：　　　　　会计：　顾笑笑　　　　　出纳：　张岩　　　　　经手人：

54）12月25日，加工车间向仓库移送已完工的 PAC 产品 10 吨，PCG 产品 5 吨。原始凭证见凭证 9-53（提示：产品入库单）。

凭证 9-53

产品入库单

2011 年 12 月 55 日　　　　　第_____号

编号	名称	规格	单位	数量		单价	金额	备注
				交库	实发			
C01	PAC		吨	10	10			
C02	PCG		吨	5	5			
合　　计								

记账：　王凤梧　　　　　库管：　于智强　　　　　制单：　金　鑫

二 记账联

55）12月25日，提现 2 000 元。原始凭证见凭证 9-54（提示：现金支票存根）。

凭证 9-54

中国工商银行现金支票

中国工商银行
转账支票存根
IV V287391

科　　目：

对方科目：

出票日期：2011 年 12 月 25 日

收款人：赛斯特科技有限责任公司
金　额：￥2 000.00
用　途：备用金

单位主管　　　　　会计

56）12月25日，报销职工医药费 674 元。原始凭证见凭证 9-55（提示：医院发票）。

凭证9-55

宏江市人民医院门诊收费收据

姓名：胡亮　　　　　　　　　　2011年12月25日　　　　　　　　　　NO.58352

西　药	474.00	检　查	140.00	化　验	60.00	同意报销。	一报销联
治　疗		输　血		输　~~血~~	现金付讫	秦云潇	
中　药		手　术		其　~~他~~			
共计人民币：陆佰柒拾肆元整			￥674.00			收费员　王　林	

57）12 月 25 日，支付餐费 788 元、汽油费 750 元。原始凭证见凭证 9-56 $\frac{1}{2}$ 和凭证 9-56 $\frac{2}{2}$（提示：发票）。

凭证9-56 $\frac{1}{2}$

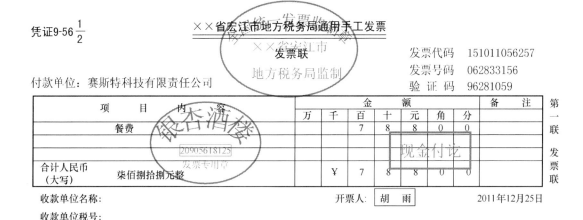

××省宏江市地方税务局通用手工发票

付款单位：赛斯特科技有限责任公司

发票代码　151011056257
发票号码　062833156
验证码　96281059

项　目　内　容	金　额							备 注
	万	千	百	十	元	角	分	
餐费			7	8	8	0	0	
								现金付讫
合计人民币（大写）　柒佰捌拾捌元整			￥	7	8	8	0	0

收款单位名称：　　　　　　　　　　开票人：　胡　雨　　　　　2011年12月25日
收款单位税号：

第一联　发票联

凭证9-56 $\frac{2}{2}$

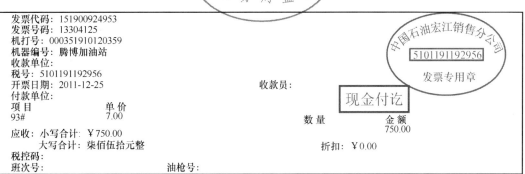

中国石油宏江销售分公司商品销售发票

发票联

全国统一发票监制章　税务局监制

发票代码：151900924953
发票号码：13304125
机打号：000351910120359
机器编号：腾博加油站
收款单位：
税号：5101191192956
开票日期：2011-12-25
付款单位：
项目　　　单价
93#　　　7.00
应收：小写合计：￥750.00
　　　大写合计：柒佰伍拾元整
税控码：
班次号：　　　　　油枪号：

收款员：

中国石油宏江销售分公司　5101191192956　发票专用章

现金付讫

数量　　　金额
　　　　750.00
折扣：￥0.00

58）12 月 25 日，支付排污罚款支出 1 600 元。原始凭证见凭证 9-57 $\frac{1}{2}$ 和凭证 9-57 $\frac{2}{2}$（提示：收款收据、转账支票存根）。

59）12 月 25 日，预付下年度财产保险费 12 000 元。原始凭证见凭证 9-58 $\frac{1}{2}$ 和凭证 9-58 $\frac{2}{2}$（提示：发票、转账支票）。

凭证9-57 $\frac{1}{2}$

收款收据

第二联：交款

NO. 0312384

2011年12月25日

今收到	赛斯特科技有限责任公司	
人民币	壹仟陆佰元整	￥1 600.00
系 付	排污罚款	

宏江市环境保护局
财务专用章

单位盖章：　　　会计：秦　河　　　出纳：刘　魁　　　经手人：郭　威

凭证 9-57 $\frac{2}{2}$

中国工商银行转账支票

中国工商银行
转账支票存根
IV V286653

科　目：
对方科目：
出票日期：2011 年 12 月 25 日

收款人：宏江市环境保护局
金　额：￥1 600.00
用　途：排污罚款

单位主管　　　　　会计

凭证 9-58 $\frac{1}{2}$

中国平安财产保险股份有限公司宏江分公司机打发票

发票联
全国统一发票监制章
××省直属税务局
行业分类：保险业

发票代码 251001171276
发票号码 00862085
验证码 426948356

开票日期：2011年12月25日

付款人：赛斯特科技有限责任公司		
承保险种：财产险		
保险单号：12691021900146778206*******		
保险费金额（大写）人民币壹万贰仟元整	小写：RMB12 000.00元	
合计（大写）：人民币壹万贰仟元整	小写：RMB12 000.00元	
附注：银行名称：中行宏江高新支行 产保险股份有限公司宏江支公司	银行账号：110878758910 户　名：中国平安财	
保险公司名称：中国平安财产保险股份有限公司宏江支公司二部 复核：张萌　经手人：张萌	中国平安保险公司宏江分公司 51227562076 发票专用章	
保险公司签章：　　　地址：宏江市南苑区航空路8号	电话：95511	
保险公司纳税人识别号：		

第一联 发票联 手写无效

凭证 9-58 $\frac{2}{2}$

中国工商银行转账支票

中国工商银行
转账支票存根
IV V286654

科　　目：

对方科目：

出票日期：2011 年 12 月 25 日

收款人：中国平安财产保险股份有限公司宏江支公司
金　额：￥12 000.00
用　途：财产保险费

单位主管　　　　　　　会计

60）12 月 25 日，企业因需要增资 1 000 000 元，为此吸收新投资者张茂林加入，根据协议，张茂林实际出资 1 250 000 元（现金投入），享有 15％的股权，款已收到，存入银行。原始凭证见凭证 9-59 $\frac{1}{2}$ 和凭证 9-59 $\frac{2}{2}$（提示：投资协议、银行进账单）。

凭证9-59 $\frac{1}{2}$

投资协议

投资协议

　　经协商，赛斯特科技有限责任公司同意张茂林出资125万元，占企业股份的15%，按所占股份享有所有者权益和承担相应的风险。

　　其他法律事宜略。

赛斯特科技有限责任公司（公章）：

法人代表（签章）：秦云潇

2011年12月25日

投资者（签章）：张茂林

2011年12月25日

凭证9-59 $\frac{2}{2}$

中国工商银行进账单

2011年12月25日　　　　　　　　　　第2012号

收款人	全　称	赛斯特科技有限责任公司		款项来源	张茂林投资款										
	账　号	532001260004619		交款人	张岩										
	开户银行	工行宏江支行				千	百	十	万	千	百	十	元	角	分
人民币（大写）：壹佰贰拾伍万元整						￥	1	2	5	0	0	0	0	0	0

票面	张数	票面	张数	票面	张数	记账	复核
						出纳	复核
							年　　月　　日

61）12 月 26 日，接银行的电费付款通知及水费付款通知。原始凭证见凭证 9-60 $\frac{1}{4}$ ~ 凭证 9-60 $\frac{4}{4}$（提示：电费发票、委托收款凭证；水费发票、委托收款凭证）。

凭证9-60 $\frac{1}{4}$

××省宏江市国家税务局通用机打发票

宏江电业局

全国统一发票监制章

××宏江市

发票联

行业分类：电力供电

发票代码　151156704568

开票日期：2011年12月23日

发票号码　00174635

计费月份	201112			计量单位	电量 千瓦时 电费		元 电价	元/千瓦时	容量	千伏安、千瓦
户名	赛斯特科技有限责任公司				档案号 000785236			地址	腾博工业园	
计费月份	201112			计量单位	电量 千瓦时 电费		元 电价	元/千瓦时	容量	千伏安、千瓦
户名	赛斯特科技有限责任公司				档案号 000785236			地址	腾博工业园	
用电类别	止数	起数	倍率	实用电量	损耗	加减	合计电量	电价	电费	
大工业19峰	64 252	72 979		8 727	1	-3 114	5 612	0.763 700	4 285.88	
大工业19峰					3		0	0.458 220	0.00	
大工业19平	1 851.43	7 288.43		5 437		-1 506	3 928	0.509 120	2 000.00	
大工业19平							0	0.305 430	0.00	
大工业19谷	209.38	4 302.85		3 990	1	-1 208	2 884.48	0.254 507	734.12	
大工业19谷							0	0.152 740	0.00	
无功19	622.93	606.45		16 480	72	10	16 562	0.000 000	0.00	
水利基金									本期电费	7 020.00
农网还贷										
库区移民基金				基本电费						7 020.00
再生能源附加										
城市附加				力调电费						

宏江市明远电力公司

54100389046170

发票专用章

计人民币（大写）：柒仟零贰拾元整　　　　　合计（小写）　7 020.00

抄表员：丁林　　　收款人：王玲

24小时供电服务热线　　95598

凭证9-60 $\frac{2}{4}$

委托收款凭证（付款通知）5

委托日期：　2011年12月23日　　付款期限：2011年12月26日　　第12196号

付款人	全　称	赛斯特科技有限责任公司	收款人	全　称	宏江市明远电力公司	此联是付款人开户银行给付款人按期付款的通知
	账　号	532001260004619		账　号	732004891002810	
	开户银行	工行宏江支行		开户银行	工行市营业部	

托收金额	人民币（大写）　柒仟零贰拾元整	千 百 十 万 千 百 十 元 角 分
		￥ 7 0 2 0 0 0

款项内容	12月份电费	委托收款凭据名称	发票	附寄单证张数	1

备注：

工行宏江支行

发票

受理

付款人注意：
应于见票当日通知开户银行划款。
如需拒付，应在规定期限内，将拒付理由书并债务证明退交开户银行。

工行宏江支行章

凭证9-60 $\frac{3}{4}$

××省宏江市国家税务局通用机打发票

宏江市供水公司

全国统一发票监制章

发票联

××省宏江市

国家税务局监制

行业分类：自来水的生产和供应

发票代码　151212304036

开票日期：2011年12月23日

发票号码　00271238

户名 赛斯特科技有限责任公司		档案号 000301368	区号段	941207
地址 腾博路192#		查表日期 2011-12-05	用水类别	非居民生活
项目	内容	单价（元）		金额（元）
2011年12月	起度 44 486　止度 47 603　水量 3 117			9 040.00
费用明细				
城市供水运营水费				8 384.73
水利工程费				654.57
违约金				

宏江市供水公司

341006209812463

发票专用章

缴费金额　9 040.00　　　大写　玖仟零肆拾元整

凭证9-60 $\frac{4}{4}$

委托收款凭证（付款通知） 5

委托日期：2011年12月23日　　　　付款期限：2011年12月26日　　　　第12197号

付款人	全称	赛斯特科技有限责任公司	收款人	全称	宏江市供水公司											此联是付款人开户银行给付款人按期付款的通知
	账号	532001260004619		账号	732011820097183											
	开户银行	工行宏江支行		开户银行	工行市营业部											
托收金额		人民币（大写）　玖仟零肆拾元整				千	百	十	万	千	百	十	元	角	分	
										¥	9	0	4	0	0	0	
款项内容		12月份水费	委托收款凭据名称		增值税发票	附寄单证张数				2						
备注：			付款人注意： 应于见票当日通知开户银行划款。 如需拒付，应在规定期限内，将拒付理由书并债务证明退交开户银行。 　　　　　　　　工行宏江支行章													

62）12月26日，财产清查中发现 PAC 产品盘亏 47.5 千克，每千克 8.5 元。原始凭证见凭证 9-61（提示：清查报告单）。

63）12月26日，扩建厂房工程向银行借款。原始凭证见凭证 9-62（提示：银行借款凭证）。

64）12月29日，从银行提取现金 61 689 元，备发工资。原始凭证见凭证 9-63（提示：现金支票存根）。

凭证 9-61

财产清查报告单

2011 年 12 月 26 日

类别	名称	计量单位	数量		盘盈		盘亏		原因
			账存	实存	数量	金额	数量	金额	
	PAC	千克					47.05	403.75	
								¥403.75	
合　计									

会计主管：鲁新民　　　　　复核：张维光　　　　　制表：顾笑笑

凭证9-62

中国工商银行借款凭证

2011年12月26日

借款单位名称	赛斯特科技有限责任公司	贷款账号	98650049	结算账号	532001260004619											第四联
借款金额（大写）	贰拾万元整					千	百	十	万	千	百	十	元	角	分	
							¥	2	0	0	0	0	0	0	0	
借款用途	扩建厂房	借出日期	2011年12月26日	约定还款日期	2015年12月26日		利率			5.58%						
上列款项已收入你单位往来户内。 银行盖章					单位会计分录：											

凭证 9-63

中国工商银行转账支票

中国工商银行
现金支票存根
IV V287392

科　　目：

对方科目：

出票日期：2011 年 12 月 29 日

收款人：赛斯特科技有限责任公司
金　额：￥61 689.00
用　途：工资款

单位主管　　　　　　　会计

65）12 月 29 日，支付本月应付职工工资，代扣个人所得税。原始凭证见凭证 9-64（提示：工资结算汇总表），金鑫 2 000 元工资未领。

凭证 9-64

工资结算汇总表

2011 年 12 月 29 日

部门名称		基本工资	岗位津贴	应付工资	个人所得税	社保	公积金	实发工资
加工车间	生产工人	40 000.00	8 000.00	48 000.00	800.00	5 280.00	4 800.00	37 120.00
	管理人员	2 600.00	400.00	3 000.00		330.00	300.00	2 370.00
机修车间		3 000.00	600.00	3 600.00		396.00	360.00	2 844.00
运输车间		3 000.00	500.00	3 500.00		385.00	350.00	2 765.00
销售部		7 000.00	1 500.00	8 500.00	120.00	935.00	850.00	6 595.00
管理部门		9 000.00	1 000.00	10 000.00	275.00	1 100.00	1 000.00	7 625.00
职工食堂		2 600.00	400.00	3 000.00		330.00	300.00	2 370.00
合　计		67 200.00	12 400.00	79 600.00	1 195.00	8 756.00	7 960.00	61 689.00

审核：秦云潇　　　　　　复核：鲁新民　　　　　　制表：刘　魁

66）12 月 29 日，交纳职工社会保险费 33 432 元、住房公积金 15 920 元。原始凭证见凭证 9-65 $\frac{1}{4}$ ～凭证 9-65 $\frac{4}{4}$（提示：通用票据、转账支票存根）。

凭证 9-65 $\frac{1}{4}$

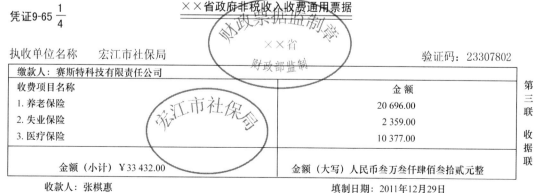

××省政府非税收入收费通用票据

执收单位名称　　宏江市社保局　　　　　　　　　　　　　　　　验证码：23307802

缴款人：赛斯特科技有限责任公司		
收费项目名称		金额
1. 养老保险		20 696.00
2. 失业保险		2 359.00
3. 医疗保险		10 377.00
金额（小计）￥33 432.00	金额（大写）人民币叁万叁仟肆佰叁拾贰元整	

第三联　收据联

收款人：张棋惠　　　　　　　　　　　填制日期：2011 年 12 月 29 日

凭证9-65 $\frac{2}{4}$

××省政府非税收入收费通用票据

××省
财政部监制

执收单位名称　　宏江市公积金管理中心　　　　　　　　　验证码: 23501390

缴款人：赛斯特科技有限责任公司	
收费项目名称	金额
1. 住房公积金	15 920.00
金额（小计）¥15 920.00	金额（大写）人民币壹万伍仟玖佰贰拾元整

第三联　收据联

收款人：王敏娜　　　　　　　　　　　　填制日期：2011年12月29日

凭证 9-65 $\frac{3}{4}$

中国工商银行转账支票

中国工商银行
转账支票存根
IV V286655

科　　目：
对方科目：
出票日期：2011 年 12 月 25 日

收款人：宏江市社保局
金　额：¥33 432.00
用　途：社保

单位主管　　　　会计

凭证 9-65 $\frac{4}{4}$

中国工商银行转账支票

中国工商银行
转账支票存根
IV V286656

科　　目：
对方科目：
出票日期：2011 年 12 月 25 日

收款人：宏江市公积金管理中心
金　额：¥15 920.00
用　途：住房公积金

单位主管　　　　会计

67) 12月29日，支付职工易小麦困难补助1 200元。原始凭证见凭证9-66（提示：领款单）。

凭证9-66

收　条

今收到困难补助现金人民币壹仟贰佰元整（¥1 200.00）。

此据

现金付讫

收款人：易小麦
2011年12月29日

68）12 月 30 日，加工车间向仓库移送已完工 PAC 产品 2 吨，PCG 产品 3 吨。原始凭证见凭证 9-67（提示：产品入库单）。

凭证 9-67

产品入库单

2011 年 12 月 30 日　　　　　　　　　　第_____号

编号	名称	规格	单位	数量		单价	金额	备注
				交库	实发			
C01	PAC		吨	2	2			
C02	PCG		吨	3	3			
合　　计								

记账： 鲁新民　　　　　　　　　　验收： 杨力宇　　　　　　　　　　制单： 汪 飞

69）12 月 31 日，销售部的金鑫出差在外未回，该部将其未领工资 2 000 元交回。原始凭证见凭证 9-68（提示：收款收据）。

凭证9-68

收款收据　　　　　　　　　NO.0312056

第三联：记账　　　　　　　　2011年12月31日

今收到	销售部金鑫		
人民币	贰仟元整	￥2 000.00	现金收讫
系 付	工资	赛斯特科技有限责任公司 财务专用章	

单位盖章　　　会计： 王凤梧　　　出纳： 张岩　　　经手人： 金鑫

70）12 月 31 日，将超限额现金 1 300 元送存银行。原始凭证见凭证 9-69（提示：现金交款单）。

凭证9-69

中国工商银行现金进账（交款）单

2011年12月31日　　　　　　　　第2108号

收款人	全 称	赛斯特科技有限责任公司		款项来源	超额现金									
	账 号	532001260004619												
	开户银行	工行宏江支行		交款人	张岩									
人民币（大写）：壹仟叁佰元整					千	百	十	万	千	百	十	元	角	分
									￥1	3	0	0	0	0

票 面	张 数	票 面	张 数	票 面	张 数

记账　　　　　　复核
出纳　　　　　　复核
　　　　　年　　月　　日

71）12 月 31 日，公司作出对财产清查结果的处理意见。原始凭证见凭证 9-70（提示：财产清查处理意见）。

凭证 9-70　　　　　　　　　　　　　　　　**财产清查处理意见**

关于财产清查结果的处理意见

赛斯特科技有限责任公司财务部：

你部上报的财产清查结果情况，经经理会议研究作出如下处理意见：PAC 产品的损失由保管员张维光负担 200 元，其余作营业外支出处理。

总经理：秦云潇

2011 年 12 月 31 日

72）12 月 31 日，摊销本月应负担的书报费、保险费。原始凭证见凭证 9-71（提示：预付费用摊销表）。

凭证 9-71　　　　　　　　　　　　　　　　**预付费用摊销表**

2011 年 12 月 31 日　　　　　　　　　　　　　　　　单位：元

项　目	应借科目	金　额
书报费	管理费用	1 200.00
保险费	管理费用	6 100.00
合　计		7 300.00

会计：顾笑笑　　　　　　　　复核：鲁新民　　　　　　　　制表：王凤梧

73）12 月 31 日，摊销无形资产价值。原始凭证见凭证 9-72（提示：无形资产摊销表）。

凭证 9-72　　　　　　　　　　　　　　　　**无形资产摊销表**

2011 年 12 月 31 日　　　　　　　　　　　　　　　　单位：元

名称	原值	预计摊销年限	已摊销价值	本次摊销价值	剩余价值
专利权	750 000.00	20 年	150 000.00	3 125.00	596 875.00

会计：顾笑笑　　　　　　　　复核：鲁新民　　　　　　　　制表：王凤梧

74）12 月 31 日，计提国库券利息收入。原始凭证见凭证 9-73（提示：国库券利息收入计提表）。

凭证 9-73　　　　　　　　　　　　　　　　**长期债券投资利息收益计算表**

2011 年 12 月 31 日　　　　　　　　　　　　　　　　单位：元

债券名称	票面要素					购买日期	购买份数	购买成本	溢折价	本期溢折价摊销	投资收益
	发行日期	到期日期	票面价值	利率/%	偿还方式						
国库券	2011.1.2	2016.1.2	100.00	2.22（单）	到期还本付息	2011.1.2	1 000	100 000.00			2 220.00

会计：顾笑笑　　　　　　　　复核：鲁新民　　　　　　　　制表：王凤梧

75）12 月 31 日，计提长期借款利息。（公司技术改造工程已于 2010 年 11 月末完工）原始凭证见凭证 9-74（提示：借款利息计提表）。

凭证 9-74

长期借款利息计算表

2011 年 12 月 31 日　　　　　　　　　　　　　　　　　　　单位：元

借款名称	借款金额	计息期间	借款利率/%	借款利息
技术改造借款	1 000 000.00	12.01～12.31	5.58	4 650.00
厂房扩建借款	500 000.00	12.01～12.31	5.58	2 325.00
合　计				6 975.00

会计：顾笑笑　　　　　　　复核：鲁新民　　　　　　　制表：王凤梧

76）12 月 31 日，结转发出材料的成本差异。原始凭证见凭证 9-75（提示：发出材料成本差异计算表）。

77）12 月 31 日，分配水费。其中：加工车间用水 3 000 吨，机修车间用水 200 吨，运输车间用水 100 吨，管理部门用水 500 吨，销售部用水 100 吨，职工食堂用水 100 吨。原始凭证见凭证 9-76（提示：水费费用分配表）。

凭证 9-75

发出材料成本差异计算表

2011 年 12 月 31 日　　　　　　　　　　　　　　　　　　　单位：元

领用单位及用途	苯胺			亚硝酸钠		
	计划成本	差异率/%	差异额	计划成本	差异率/%	差异额
销售部		2.16				
管理部门		2.16				
PAC		2.16			7.65	
PCG		2.16				
合　计						

会计：顾笑笑　　　　　　　复核：鲁新民　　　　　　　制表：王凤梧

凭证 9-76

水费费用分配表

2011 年 12 月 31 日

分配对象	分配标准/吨	分配率/%	分摊额/元
加工车间	3 000		6 780.00
机修车间	200		452.00
运输车间	100	2.26	226.00
管理部门	500		1 130.00
销售部	100		226.00
职工食堂	100		226.00
合　计	4 000		9 040.00

会计：顾笑笑　　　　　　　复核：鲁新民　　　　　　　制表：王凤梧

78）12 月 31 日，分配电费。其中：加工车间生产产品耗电 10 000 度（按工时比例分配），加工车间管理耗电 1 000 度，机修车间耗电 1 000 度，运输车间耗电 500 度，管理部门耗电 1 500 度，销售部耗电 900 度，职工食堂耗电 100 度。原始凭证见凭证 9-77（提示：电费费用分配表）。

凭证 9-77

电费费用分配表

2011 年 12 月 31 日

分配对象	分配标准/度	分配率/%	分摊额/元
加工车间　PAC	6 000		2 808.00
PCG	4 000		1 872.00
加工车间管理	1 000		468.00
机修车间	1 000		468.00
运输车间	500	0.468	234.00
管理部门	1 500		702.00
销售部	900		421.20
职工食堂	100		46.80
合　　计	15 000		7 020.00

会计：顾笑笑　　　　　复核：鲁新民　　　　　制表：王凤梧

79）12 月 31 日，分配工资费用。其中：加工车间生产工人工资 48 000 元（按工时比例分配），加工车间管理人员工资 3 000 元，机修车间人员工资 3 600 元，运输车间人员工资 3 500 元，销售部人员工资 8 500 元，管理部门人员工资 10 000 元，职工食堂人员工资 3 000元。原始凭证见凭证 9-78（提示：工资费用分配表）。

凭证 9-78

工资费用分配表

2011 年 12 月 31 日

分配对象	分配标准/（工时比例）/元	分配率/%	分摊额/元
加工车间　PAC	3 000		28 800.00
PCG	2 000		19 200.00
加工车间 管理人员			3 000.00
机修车间			3 600.00
运输车间		9.6	3 500.00
销售部			8 500.00
管理部门			10 000.00
职工食堂			3 000.00
合　　计			79 600.00

会计：顾笑笑　　　　　复核：鲁新民　　　　　制表：王凤梧

80）12 月 31 日，计提本月职工福利费、工会经费、职工教育经费、社会保险费、住房公积金。原始凭证见凭证 9-79 $\frac{1}{3}$ ～凭证 9-79 $\frac{3}{3}$（提示：职工福利费等职工薪酬提取计算表）。

凭证 9-79 $\frac{1}{3}$

职工福利费提取计算表

2011 年 12 月 31 日　　　　　　　　　　　　　　　　　　单位：元

部门名称		应付工资	提取比率/14%	应提福利费
加工车间	PAC	28 800.00		4 032.00
	PCG	19 200.00		2 688.00
	管理人员	3 000.00		420.00
机修车间		3 600.00		504.00
运输车间		3 500.00		490.00
销售部		8 500.00		1 190.00
管理部门		10 000.00		1 400.00
职工食堂		3 000.00		420.00
合　计				11 144.00

会计：顾笑笑　　　　　　复核：鲁新民　　　　　　制表：王凤梧

凭证 9-79 $\frac{2}{3}$

工会经费和职工教育经费提取计算表

2011 年 12 月 31 日　　　　　　　　　　　　　　　　　　单位：元

部门名称		应付工资	工会经费/2%	职工教育经费/1.5%
加工车间	PAC	28 800.00	576.00	432.00
	PCG	19 200.00	384.00	288.00
	管理人员	3 000.00	60.00	45.00
机修车间		3 600.00	72.00	54.00
运输车间		3 500.00	70.00	52.50
销售部		8 500.00	170.00	127.50
管理部门		10 000.00	200.00	150.00
职工食堂		3 000.00	60.00	45.00
合　计		79 600.00	1 592.00	1 194.00

会计：顾笑笑　　　　　　复核：鲁新民　　　　　　制表：王凤梧

凭证 9-79 $\frac{3}{3}$

住房公积金及社保提取计算表

2011 年 12 月 31 日　　　　　　　　　　　　　　　　　　单位：元

部门名称		应付工资	住房公积金/10%	社会保险费		
				养老保险/20%	失业保险/1.5%	医疗保险/9%
加工车间	PAC	28 800.00	2 880.00	5 760.00	432.00	2 592.00
	PCG	19 200.00	1 920.00	3 840.00	288.00	1 728.00
	管理人员	3 000.00	300.00	600.00	45.00	270.00
机修车间		3 600.00	360.00	720.00	54.00	324.00
运输车间		3 500.00	350.00	700.00	52.50	315.00
销售部		8 500.00	850.0	1 700.00	127.50	765.00
管理部门		10 000.00	1 000.00	2 000.00	150.00	900.00
职工食堂		3 000.00	300.00	600.00	45.00	270.00
合　计		79 600.00	7 960.00	15 920.00	1 194.00	7 164.00

会计：顾笑笑　　　　　　复核：鲁新民　　　　　　制表：王凤梧

81) 12 月 31 日，计提固定资产折旧。原始凭证见凭证 9-80（提示：折旧提取计算表）。

82) 12 月 31 日，分配辅助生产成本。其中：机修车间为加工车间服务 300 小时，为管理部门服务 200 小时，为销售部服务 100 小时；运输车间为加工车间提供运输劳务 2 000 千米，为管理部门提供运输劳务 500 千米，为销售部提供运输劳务 1 500 千米。原始凭证见凭证 9-81 $\frac{1}{2}$ 和凭证 9-81 $\frac{2}{2}$（提示：辅助生产费用分配表）。

凭证 9-80

固定资产折旧提取计算表

单位：元

使用部门	固定资产类别	月初应计提折旧固定资产原值	月折旧率/%	月折旧额
加工车间	房屋及建筑物	800 000.00	0.3	2 400.00
	机器设备	3 950 000.00	0.6	23 700.00
机修车间	房屋及建筑物	40 000.00	0.3	120.00
	机器设备	10 000.00	0.6	60.00
运输车间	房屋及建筑物	10 000.00	0.3	30.00
	机器设备	50 000.00	0.6	300.00
管理部门	房屋及建筑物	1 000 000.00	0.3	3 000.00
	机器设备	200 000.00	0.6	1 200.00
销售部门	房屋及建筑物	100 000.00	0.3	300.00
	机器设备	10 000.00	0.6	60.00
职工食堂	房屋及建筑物	40 000.00	0.3	120.00
	机器设备	10 000.00	0.6	60.00
对外出租	机器设备	20 000.00	0.6	120.00
合　计				31 470.00

会计：顾笑笑　　　　复核：鲁新民　　　　制表：王凤梧

凭证 9-81 $\frac{1}{2}$

辅助生产费用分配表

车间名称：机修车间　　　　2011 年 12 月 31 日　　　　单位：元

分配对象	分配标准/小时	分配率/%	分摊额
加工车间	300		
管理部门	200		
销售部	100		
合　计	600		

会计：顾笑笑　　　　复核：鲁新民　　　　制表：王凤梧

凭证 9-81 $\frac{2}{2}$

辅助生产费用分配表

车间名称：运输车间　　　　2011 年 12 月 31 日　　　　单位：元

分配对象	分配标准/千米	分配率/%	分摊额
加工车间	2 000		
管理部门	500		
销售部	1 500		
合　计	4 000		

会计：顾笑笑　　　　复核：鲁新民　　　　制表：王凤梧

83）12 月 31 日，分配结转制造费用。原始凭证见凭证 9-82（提示：制造费用分配表）。

凭证 9-82

制造费用分配表

2011 年 12 月 31 日　　　　　　　　　　　　　　单位：元

分配对象	分配标准（工时）	分配率/%	分摊额
PAC	3 000		
PCG	2 000		
合　　计	5 000		

会计：顾笑笑　　　　复核：鲁新民　　　　制表：王凤梧

84）12 月 31 日，结转本月完工产品成本。原始凭证见凭证 9-83（提示：完工产品成本计算表、发货单）。

凭证 9-83

完工产品成本计算表

2011 年 12 月　　　　　　　　　　　　　　单位：元

成本项目	产品名称：PAC 完工数量：32 吨　在产品数量：8 吨		产品名称：PCG 完工数量：18 吨　在产品数量：8 吨	
	总成本	单位成本	总成本	单位成本
直接材料				
直接人工				
制造费用				
合　　计				

会计：顾笑笑　　　　复核：鲁新民　　　　制表：王凤梧

85）12 月 31 日，结转本月主营业务成本。原始凭证见凭证 9-84（提示：主营业务成本计算表）。

凭证 9-84

主营业务成本计算表

2011 年 12 月

产品名称	单位	月初结存		本月入库		本月销售		
		数量	总成本	数量	总成本	数量	加权平均单位成本	总成本
PAC	吨							
PCG	吨							
合　计								

会计：顾笑笑　　　　复核：鲁新民　　　　制表：王凤梧

86）12 月 31 日，结转未交增值税。原始凭证见凭证 9-85（提示：填制应交增值税计算表）。

凭证 9-85

应交增值税计算表

2011 年 12 月 1 日～2011 年 12 月 31 日　　　　　　　　单位：元

	项　　目	计税金额	适用税率/%	税　　额	备注
销项	**应税货物** 货物名称				
	PAC		17		
	PCG		17		
	亚硝酸钠		17		
	小　计				
	应税劳务 劳务名称				
	小　计				
进项	本期进项税额发生额				
	进项税额转出				
	1.				
	2.				
	应纳税额				

会计：鲁新民　　　　　　复核：顾笑笑　　　　　　制表：王凤梧

87）12 月 31 日，计算本月应交营业税。。原始凭证见凭证 9-86（提示：应交营业税计算表）。

凭证 9-86

应交营业税计算表

2011 年 12 月 1 日～2011 年 12 月 31 日　　　　　　　　单位：元

项目	计税金额	适用税率/%	税　　额	备　注
合　　计				

会计：鲁新民　　　　　　复核：顾笑笑　　　　　　制表：王凤梧

88）12 月 31 日，计提本月应交纳的城市维护建设税和教育费附加。原始凭证见凭证 9-87$\frac{1}{2}$ 和凭证 9-87$\frac{2}{2}$（提示：应交城市维护建设税计算表、应交教育费附加计算表）。

凭证 9-87 $\frac{1}{2}$

应交城建税计算表

2011 年 12 月 1 日～ 2011 年 12 月 31 日 单位：元

项 目	计税基数		适用税率/%	应交城建税	备 注
	增值税	营业税			
	1	2	3	4＝(1+2)×3	
			7		
合 计					

会计：鲁新民 复核：顾笑笑 制表：王凤梧

凭证 9-87 $\frac{2}{2}$

应交教育费附加计算表

2011 年 12 月 1 日～2011 年 1 月 31 日 单位：元

项 目	计税基数		适用税率/%	应交教育费附加	备 注
	增值税	营业税			
	1	2	3	4＝(1+2)×3	
合 计					

会计主管：鲁新民 复核：顾笑笑 制表：王凤梧

89）12 月 31 日，计提坏账准备。原始凭证见凭证 9-88（提示：坏账准备提取计算表）。

凭证 9-88

坏账准备提取计算表

2011 年 12 月 31 日 单位：元

年末"应收账款"科目余额	坏账准备提取比率/%	提取前"坏账准备"科目借方余额	提取前"坏账准备"科目贷方余额	应提取的坏账准备金
	0.5			

会计主管：鲁新民 复核：顾笑笑 制表：王凤梧

90）12 月 31 日，计提固定资产减值准备。原始凭证见凭证 9-89（提示：固定资产减值准备计提说明）。

凭证 9-89

固定资产减值准备提取计算表

2011 年 12 月 31 日 单位：元

固定资产名称	账面原价	累计折旧	账面净值	预计可收回金额	应计提减值准备
检测仪 JAC20	23 400.00	2 808.00	20 592.00	10 592.00	10 000.00
合 计	23 400.00	2 808.00	20 592.00	10 592.00	10 000.00

会计主管：鲁新民 复核：顾笑笑 制表：王凤梧

91）12 月 31 日，据晨光公司年终财务报告披露，该公司全年实现净利润 90 000 元。晨光公司的所得税税率为 25%（提示：投资收益确认计算表）。

92）12 月 31 日，结转收入和费用账户余额。

93）12 月 31 日，计算本月应交所得税，并转入本年利润账户。原始凭证见凭证 9-90（提示：企业所得税计算表）。

凭证 9-90

企业所得税计算表

2011 年 12 月 1 日～2011 年 12 月 31 日   单位：元

项　　目	行次	本月数	项　　目	行次	本月数
一、主营业务收入			四、利润总额		60 351.686 2
减：主营业务成本			加：纳税调整增加额		
主营业务税金及附加			1.		
二、主营业务利润			2.		
加：其他业务利润			3.		
减：销售费用			减：纳税调整减少额		
管理费用			1.		
财务费用			2.		
资产减值损失			3.		
三、营业利润			五、应纳税所得额		
加：投资收益			适用税率		
营业外收入			六、本期应纳所得税额		
减：营业外支出					

会计主管：鲁新民　　　　　　复核：顾笑笑　　　　　　制表：王凤梧

94）12 月 31 日，结转全年实现的净利润。

95）12 月 31 日，提取法定盈余公积金、任意盈余公积和向投资者分配利润。原始凭证见凭证 9-91（提示：利润分配计算表）。

凭证 9-91

利润分配计算表

2011 年

项　　目	利润分配基数	分配比例/%	分配金额
法定盈余公积		10	
任意盈余公积		5	
向投资者分配利润			
合　　计			

会计主管：鲁新民　　　　　　复核：顾笑笑　　　　　　制表：王凤梧

96）12 月 31 日，将"利润分配"各明细账户的余额转入"利润分配——未分配利润"明细分类账户。

97）12 月 31 日，结算日记账、总账和各明细分类账本期发生额和期末余额。

98）12 月 31 日，总账与日记账、各明细分类账核对。

BC